독해력
비타민

기초편

40회로
완성하는
독해력

초등국어
3단계

독해의 중요성

글이란?

글을 잘 읽으려면 '글'이 무엇인지 정확히 알아야 합니다.

글은 중심 내용을 지닌 문단들이 모여 이루어집니다.

문단은 중심 문장과 뒷받침 문장이 조화롭게 이어져

탄생합니다.

문장은 여러 낱말이 어우러져 만들어집니다.

독해란?

독해란 글을 읽어 뜻을 이해하는 활동입니다.

낱말의 뜻을 정확히 알고, 문장의 의미와

문단의 중심 내용을 이해한 뒤, 문단 간의 관계를

밝혀내면 글을 제대로 이해할 수 있습니다.

독해의 중요성

수학, 과학처럼 독해와 전혀 상관없을 듯한 과목에도

독해는 무척 중요합니다. 책을 읽어 개념을 이해하거나

문제를 풀기 위해서는 글을 읽고 해석하는 능력이 필요합니다.

그뿐 아니라, 텔레비전을 보거나 물건을 고르는 것 같은

사소한 일을 위해서도 독해는 필요합니다.

독해는 어떻게 해야 할까?

독해의 방법

글을 읽고 문제를 풀 때에는 통독과 정독이 필요합니다.

통독을 통해, 글을 훑으며 전반적인 내용과 주제를 파악합니다.

그리고 정독하면서 글의 구조, 문단의 내용, 문단 간의 관계,

표현 속에 담겨 있는 속뜻 등을 알아봅니다.

사실적 독해와 비판적 독해

본문의 내용을 읽으며 그 안에 담긴 정보를 이해하는

독해 방법이 '사실적 독해'입니다.

'비판적 독해'는 글의 내용이나 구성을 파악하면서

앞뒤의 흐름이나 내용의 타당성 등을 비판하는 독해 방법입니다.

적극적 독해

독해에서 가장 중요한 것은 적극성입니다. 적극적인 자세로

글을 읽으며, 글의 종류를 알아보고, 구조를 파악하며,

각 문단의 중심 생각을 알아내면 겉으로 드러난 뜻뿐 아니라,

그 안에 감추어진 의미까지 알아낼 수 있습니다.

독해력 비타민 기초편 구성

한 주에 5회씩 두 달 동안 학습하도록
40회로 구성하였습니다.

한 주차 안에도 비문학과 문학을
고루 배치하였습니다.
학습자가 다양한 글을 접할 수 있습니다.

4

인물

아버지와 페인트공에 관한 바른 설명을 고르세요.

	아버지	페인트공
①	수영을 못한다.	수영을 잘한다.
②	해야 할 일을 바로 한다.	게으르고 돈을 좋아한다.
③	자식들을 매우 사랑한다.	거짓말을 자주 한다.
④	해야 할 일을 바로 하지 않았다.	책임감 있다.
⑤	페인트공을 무시한다.	착하고 정이 많다.

문제의 출제 의도를 밝혀 두었습니다.
문제가 무엇을 묻는지 익히는 과정입니다.

틀린 문제 유형에 표시하세요.

☐ ☐ ☐ ☐ ☐ ☐
배경　제목　내용 파악　추론　적용　배경지식

틀린 문제 유형을 확인할 수 있습니다.

그것을 보고 자신의 강점과 약점을 파악하여,

자기 주도 학습을 할 수 있습니다.

어휘력 기르기　　　　　　8문제 가운데 (　) 문제 맞힘

1단계　다음 낱말의 뜻을 찾아 선으로 이으세요.

(1) 등장　•　　　• ㉠ 칸을 막거나 어떤 곳을 가리는 천.

(2) 퇴장　•　　　• ㉡ 연극 무대에서 인물이 무대 밖으로 나감.

(3) 막　•　　　• ㉢ 연극 무대에 어떤 인물이 나타남.

2단계　위에서 배운 낱말을 빈칸에 넣어 문장을 완성하세요.

(1) [　　] 이 올라가며 연극이 시작되었다.

(2) 현수가 무대에 [　　] 하자 사람들이 그 모습을 보고 깔깔 웃었다.

(3) 정은이가 무대 밖으로 [　　] 하면서 연극이 끝났다.

3단계　다음 설명을 읽고, 빈칸에 알맞은 낱말을 쓰세요.

> 구덩이: 땅이 움푹하게 파인 곳.
> 웅덩이: 움푹 파여 물이 고여 있는 곳.

(1) 비가 내려 길 곳곳에 [　][　][　] 가 생겼다.

(2) 사람들은 호랑이를 잡기 위해 [　][　][　] 를 파 놓았다.

본문에 쓰인 낱말이나 문법을 재학습합니다.

39회

틀린 문제 유형에 표시하세요.

☐ ☐☐ ☐☐☐ ☐
글의 종류　인물　추론　내용 파악

앞부분의 내용: 한 나그네가 길을 걸어가다가 구덩이에 빠진 호랑이를 발견했습니다. 호랑이가 애원하여 나그네는 호랑이를 구해 주었습니다. 하지만 구덩이에서 나오자 호랑이는 나그네를 잡아먹으려고 했습니다. 나그네는 호랑이가 자신을 잡아먹어도 되는지 재판을 받아 보자고 했습니다. 황소와 소나무는 호랑이의 편을 들었습니다. 나그네는 마지막으로 토끼에게 물어보자고 하였습니다.

> ◦ 때: 옛날
> ◦ 곳: 산속
> ◦ 등장인물: ㉠ [　　　　　]

나그네: 토끼님, 제가 구덩이에 빠져 있던 호랑이를 구해 주었는데, 호랑이는 저를 잡아먹으려 합니다. 이게 옳은 짓입니까?

토　끼: ㉡ (한참 생각하다가) 이해가 안 가는데 호랑이님이 구덩이에 빠져 있던 상황을 그대로 보여 주시겠어요?

호랑이: (답답한 듯 한숨을 쉬고 구덩이에 들어가며) 참, 답답하기는. 잘 봐라. 내가 여기에 이렇게 빠져 있었단 말이다. 그때 나그네가 지나가다가 나를 발견했지.

토　끼: (웃으며) 아, 이제야 이해가 되는군요. 그런데 은혜도 모르고 구해 준 사람을 잡아먹으려고 하다니! 당신 같은 동물은 혼이 나야 합니다.

나그네: 토끼님, 정말 고맙습니다. 토끼님 덕분에 살았네요.

호랑이: (　㉢　) 나그네님, 절대 잡아먹지 않을 테니 제발 한 번만 더 살려 주십시오.

토끼와 나그네가 퇴장하며 막이 내린다.

- 전래 동화 〈토끼의 재판〉을 읽고 쓴 ㉣ [　　　　]

가능한 한 문학 작품의 전문을 실으려 노력하였습니다.

전문을 실을 수 없는 글은 학습자의 이해를 돕기 위해

앞뒤 내용을 요약하여 담았습니다.

차 례

김치는 우리나라의 대표 음식입니다. 배추, 무 같은 채소와 소금, **젓갈**, 고춧가루 같은 **양념**을 섞어서 만듭니다. 김치를 만드는 데 사용하는 재료의 종류와 양은 지역에 따라 조금씩 다릅니다. 따라서 김치의 맛도 지역마다 차이가 납니다.

날씨가 추운 북부 지역의 김치는 소금이나 젓갈 같은 양념을 많이 넣지 않아 **간**이 약하고, 덜 맵습니다. 싱거우면서도 채소의 맛과 향을 최대한 살린 김치가 많습니다. 김치의 국물을 넉넉히 만들어 시원한 맛을 내기도 합니다. 대표적으로 백김치와 동치미가 있습니다.

↑ 백김치

↑ 동치미

반대로, 날씨가 더운 남부 지역의 김치는 맵고 짠맛이 강합니다. 더운 여름에 김치가 빨리 **쉬는** 것을 막기 위하여 소금과 젓갈 등을 많이 넣기 때문입니다. 남부 지역의 김치로는 파김치와 갓김치가 유명합니다.

↑ 파김치

↑ 갓김치

　마지막으로, 중부 지역의 김치는 북부와 남부 지역의 **중간** 성질을 띱니다. 북부 지역처럼 싱겁지도 않고, 남부 지역처럼 맵거나 짜지 않고 맛이 **담백합니다**. 이 지역의 대표 김치로는 배추김치와 총각김치가 있습니다.

↑ 배추김치

↑ 총각김치

젓갈 멸치 따위의 생선이나, 조개·생선의 알·창자 따위를 소금에 짜게 절이어 발효시킨 음식.　**양념** 음식의 맛을 높이기 위하여 쓰는 재료를 통틀어 이르는 말. 기름, 깨소금, 간장, 된장, 소금, 설탕 따위를 이른다.　**간** 음식물의 짠 정도.　**쉬는** 음식 따위가 상하여 맛이 변하는.　**중간** 등급, 크기, 차례 따위의 가운데. 中 가운데 중 間 사이 간　**담백합니다** 음식이 느끼하지 않고 산뜻합니다. 淡 담백할 담 白 깨끗할 백

1

이 글의 종류는 무엇인가요?

① 설명문　　　　② 기행문　　　　③ 논설문

④ 광고문　　　　⑤ 독후감

2

제목

이 글에 알맞은 제목을 고르세요.

① 우리나라의 여러 지역

② 다양한 양념의 종류

③ 지역에 따른 김치의 차이

④ 김치를 만드는 방법

⑤ 김치로 만드는 여러 음식

3 이 글의 내용을 정리했습니다. 맞으면 ○표, 틀리면 X 표 하세요.

내용
파악

(1) 김치는 우리나라의 대표 음식이다. ( )

(2) 북부 지역의 김치는 양념을 많이 넣어 맵고 짠 맛이 강하다. ( )

(3) 남부 지역의 김치는 국물을 많이 만들어 시원한 맛을 낸다. ( )

(4) 중부 지역의 김치는 맛이 담백하다. ( )

4 다음 중 북부 지역의 대표적인 김치를 고르세요.

내용
파악

① 총각김치　　　　　② 파김치　　　　　③ 배추김치

④ 백김치　　　　　⑤ 갓김치

5 다음 뜻에 알맞은 낱말을 고르세요.

어휘

> 크기나 수량 따위가 모자라지 않고 남음이 있게.

① 다양하게　　　　　② 덜　　　　　③ 반대로

④ 넉넉히　　　　　⑤ 빨리

6 빈칸에 알맞은 낱말을 넣어 앞 글을 요약하세요.

요약

> 지역에 따라 김치에 사용하는 (1) ㅊ ㅅ 와 (2) ㅇ ㄴ 의 종류와 양이 다
>
> 르다. 그래서 지역마다 김치의 (3) ㅁ 도 차이가 난다.

어휘력 기르기

1단계 다음 낱말의 뜻을 찾아 선으로 이으세요.

(1) 양념 •

(2) 간 •

(3) 담백합니다 •

• ㉠ 음식물의 짠 정도.

• ㉡ 음식이 느끼하지 않고 산뜻합니다.

• ㉢ 음식의 맛을 높이기 위하여 쓰는 재료를 통틀어 이르는 말.

2단계 다음 글의 빈칸에 알맞은 낱말을 위에서 찾아 쓰세요.

(1) 국물을 한 모금 마셔 [   ]을 보았다.

(2) 콩나물무침에 [   ]을 너무 많이 넣어 짜다.

(3) 할머니께서 만드신 김치는 맛이 정말 [   ].

3단계 다음은 '쉬다'의 여러 뜻입니다. 밑줄 친 낱말의 뜻을 찾아 번호를 쓰세요.

| 쉬다 | ① 음식 따위가 상하여 맛이 변하다. |
| | ② 피로를 풀려고 몸을 편안히 두다. |

(1) 여름이 되면 밥이 금방 <u>쉰다</u>.   (   )

(2) 몸이 완전히 회복될 때까지 집에서 <u>쉬었다</u>.   (   )

만약 불이 났을 때 소방서가 없다면 어떤 일이 발생할까요? 많은 사람이 다치거나 목숨을 잃고, 건물이나 물건이 불에 타서 재산 피해가 크게 발생할 것입니다. 소방서는 불을 **진화**하고 다친 사람을 구조하는 곳입니다. 이처럼 주민 전체의 이익과 **편의**를 위해 국가가 세우거나 관리하는 곳을 **공공 기관**이라고 합니다.

시청은 지역 주민을 돕는 공공 기관입니다. 각종 **서류**나 **증명서** 등을 **발급**하고, 주민의 **복지**를 위해 휴식 시설과 공원을 만듭니다. 또 사람들이 버린 쓰레기를 치우고 거리를 깨끗이 청소합니다. 생활이 어려운 사람과 장애인, 노인 등을 돌보거나 어린이를 위해 어린이집을 운영하기도 합니다. 주민의 문화·예술 활동에 도움이 되도록 도서관이나 미술관도 짓습니다.

경찰서는 도시의 질서를 유지하고, 주민의 생명과 재산을 보호하는 공공 기관입니다. 범죄의 발생을 예방하기 위해 도시 곳곳을 **순찰**하고, 범죄가 발생하면 신속히 출동하여 범인을 잡습니다. 길을 잃은 아이나 노인이 있으면 안전하게 집에 데려다 주고, 잃어버린 물건은 주인을 찾아 돌려줍니다. 교통이 혼잡한 곳에 출동하여 **교통정리**를 하고 혹시나 발생할 수 있는 교통사고를 막는 역할도 합니다.

교육청은 학생 교육과 학교 관리 등을 맡아보는 공공 기관입니다. 학생을 어떻게 가르칠지 방향과 과정을 정하고, 학생이 즐겁고 바르게 공부할 수 있는 환경을 만듭니다. 학생에게 필요한 학습 자료를 마련해 주고, 선생님이 학생을 잘 가르칠 수 있도록 돕습니다. 학교를 새로 짓거나 학교 시설을 전체적으로 관리합니다.

진화 불이 난 것을 끔. 鎭 진압할 진 火 불 화　　**편의** 형편이나 조건 따위가 편하고 좋음. 便 편할 편 宜 좋을 의 **공공** 국가나 사회의 구성원에게 빠짐없이 골고루 관계되는 것. 公 여럿 공 共 함께 공　　**기관** 일정한 역할과 목적을 위하여 설치한 기구나 조직. 機 틀 기 關 관계할 관　　**서류** 글자로 기록한 문서를 통틀어 이르는 말. 書 글 서 類 무리 류　　**증명서** 어떤 사실을 밝혀 담은 문서. 證 증거 증 明 밝을 명 書 글 서　　**발급** 증명서 따위를 인쇄하여 줌. 發 나타날 발 給 줄 급　　**복지** 행복한 삶. 福 복 복 祉 복 지　　**순찰** 여러 곳을 돌아다니며 상황을 살핌. 巡 돌 순 察 살필 찰　　**교통정리** 교통의 흐름을 원활하게 하고 사고를 방지하기 위하여 사람이나 차의 움직임을 막거나 방향을 이끌어 주는 일. 交 오고 갈 교 通 통할 통 整 가지런할 정 理 다스릴 리

1 이 글에 나오지 <u>않은</u> 공공 기관을 고르세요.

내용
파악

① 소방서　　　　　② 시청　　　　　③ 경찰서

④ 도서관　　　　　⑤ 교육청

2 시청에서 하지 <u>않는</u> 일을 고르세요.

내용
파악

① 각종 서류나 증명서 등을 발급한다.

② 주민의 복지를 위해 휴식 시설과 공원을 만든다.

③ 어린이를 위해 어린이집을 운영한다.

④ 도서관이나 미술관 등을 지어 주민의 문화·예술 활동에 도움을 준다.

⑤ 범죄가 발생하면 출동하여 범인을 잡는다.

3 경찰서에서 하는 일끼리 옳게 짝지어진 것을 고르세요.

내용
파악

　　㉮ 사람들이 버린 쓰레기를 치우고 거리를 깨끗이 청소한다.

　　㉯ 범죄의 발생을 예방하기 위해 도시 곳곳을 순찰한다.

　　㉰ 불이 났을 때 출동하여 빠르게 불을 끈다.

　　㉱ 학생에게 필요한 학습 자료를 마련해 준다.

　　㉲ 교통이 혼잡한 곳에 출동하여 교통정리를 한다.

① ㉮, ㉱

② ㉮, ㉲

③ ㉯, ㉰

④ ㉯, ㉲

⑤ ㉰, ㉱

4

적용

다음 사진과 같은 일을 하는 공공 기관은 어디인가요?

[ ]

5

적용

다음 중 공공 기관과 관련되지 않은 직업을 고르세요.

① 교통경찰　　　　　　　　　② 편의점 직원

③ 시청 공무원　　　　　　　　④ 소방관

⑤ 환경미화원

6

배경
지식

다음 글이 설명하는 공공 기관은 어디인가요?

> 지역 주민의 건강을 지키기 위해 설치한 곳이다. 전염병 등 질병을 예방하거나 진료한다.
> 식품, 환경 등의 위생을 관리하고, 다양한 건강 교육 프로그램을 운영한다. 노인이나 장애인의
> 건강을 위해서도 노력한다.

① 도서관　　　　　　　　　　② 우체국

③ 보건소　　　　　　　　　　④ 박물관

⑤ 법원

어휘력 기르기

8 문제 가운데 (   ) 문제 맞힘

1단계   다음 낱말들의 뜻을 알맞게 이으세요.

(1) 편의 •

(2) 공공 •

(3) 서류 •

• ㉠ 형편이나 조건 따위가 편하고 좋음.

• ㉡ 글자로 기록한 문서를 통틀어 이르는 말.

• ㉢ 국가나 사회의 구성원에게 빠짐없이 골고루 관계되는 것.

2단계   다음 글의 빈칸에 알맞은 낱말을 위에서 찾아 쓰세요.

(1) 아버지의 책상 위에 ☐☐ 가 산더미처럼 쌓여 있다.

(2) 우리 학교는 학생들의 ☐☐ 를 위해 휴일에도 운동장을 쓸 수 있게 하였다.

(3) ☐☐ 시설은 개인의 것이 아니므로 깨끗이 사용해야 한다.

3단계   밑줄 친 낱말의 뜻을 찾아 번호를 쓰세요.

> 진화   ① 불이 난 것을 끔.
>
>   ② 일이나 사물 따위가 점점 발달하여 감.

(1) 바람이 세게 불어서 소방관들은 진화에 어려움을 겪었다.   (   )

(2) 오늘날에는 기술의 진화 속도가 굉장히 빠르다.   (   )

일기 예보를 전해드립니다.

며칠째 하늘에서 많은 비가 내리고 있습니다. 비구름이 서해에서 수증기를 한껏 **머금고** 우리나라로 계속 밀려오고 있기 때문입니다.

8월의 마지막 날인 오늘도 일부 지역에 굵은 빗줄기가 거세게 쏟아질 것으로 보입니다. **수도권**에는 **천둥**과 함께 250mm 이상의 많은 비가 쏟아지겠습니다. 그 밖의 **중부 지방**에는 50~150mm가 내리겠습니다. 이 지역의 주민들께서는 비 피해가 없도록 **각별히** 주의하셔야겠습니다. **남부 지방**에는 10~30mm 내린 뒤 오후에는 서서히 그칠 것으로 보입니다.

비가 내리면서 더위는 **한풀** 꺾이겠습니다. 중부 지방의 아침 최저 기온은 15~20도, 최고 기온은 17~25도로 어제에 비해 조금 내려가겠습니다. 남부 지방의 아침 최저 기온은 중부 지방과 비슷한 수준이겠지만, 최고 기온이 27~33도까지 올라 다시 **무더위**가 **기승**을 부리겠습니다.

중부 지방은 내일도 비가 계속 내리겠습니다. 다만 내리는 양은 오늘보다 적은 50~100mm로 예상합니다. 남부 지방은 오랜만에 구름 한 점 없이 맑겠습니다. 중부 지방의 기온은 아침과 낮 모두 오늘과 비슷하거나 조금 높겠습니다. 남부 지방은 아침 최저 기온이 20~24도, 최고 기온은 30~35도로 오늘보다 더 덥겠습니다. **열대야**가 나타나는 곳도 일부 있겠습니다.

모레에는 중부 지방에 자리 잡았던 비구름이 모두 동쪽으로 빠져나가 전국적으로 맑은 날씨가 나타나며 무더워지겠습니다. 중부 **내륙**에는 안개가 **짙게** 끼는 곳이 있겠습니다. 차량 운전에 주의를 부탁드립니다.

일기 예보였습니다. 감사합니다.

머금고 사물의 어떤 기운을 안에 품고.　　**수도권** 수도와 그 주변 지역. 首 머리 수 都 도시 도 圈 구역 권　　**천둥** 구름에서 전기가 흘러나오며 불빛과 소리가 함께 발생하는 현상.　　**중부 지방** 어떤 지역의 중앙에 자리한 지방. 우리나라에서는 황해도, 경기도, 강원도, 충청 남북도가 해당한다. 中 가운데 중 部 지역 부 地 땅 지 方 곳 방　　**각별히** 어떤 일에 대한 마음가짐이나 자세가 보통과는 다르게. 各 각자 각 別 다를 별　　**남부 지방** 어떤 지역의 남쪽에 자리잡은 지방. 우리나라에서는 경상도, 전라도, 제주도를 이른다. 南 남녘 남 部 지역 부 地 땅 지 方 곳 방　　**한풀** 기세나 기운이 어느 정도로.　　**무더위** 습도와 온도가 매우 높아 찌는 듯 견디기 어려운 더위.　　**기승** 기운이나 힘 따위가 세서 좀처럼 줄어들지 않음. 氣 기운 기 勝 넘칠 승　　**열대야** 밤의 온도가 25도 이상인 무더운

밤. 熱 더울 열 帶 띠 대 夜 밤 야   **내륙** 바다에서 멀리 떨어져 있는 육지. 內 안 내 陸 육지 륙   **짙게** 그림자나 어둠 같은 것이 아주 뚜렷하거나 강하게.

1

배경
지식

다음 밑줄 친 낱말에 속하지 <u>않는</u> 것을 고르세요.

> 일기 예보: <u>날씨</u>의 변화를 예측하여 미리 알리는 일.

① 비   ② 구름

③ 바람   ④ 기온

⑤ 체온

2

내용
파악

이 일기 예보는 언제 발표되었나요?

① 7월 31일   ② 8월 30일

③ 8월 31일   ④ 9월 1일

⑤ 9월 2일

3

내용
파악

다음 글을 읽고 빈칸에 알맞은 낱말을 쓰세요.

> 며칠째 우리나라에 비가 많이 내리는 이유는, (1) ☐☐☐ 이 서해에서
>
> (2) ☐☐☐ 를 한껏 머금고 우리나라로 계속 밀려오고 있기 때문이다.

4 앞 일기 예보의 '오늘' 날씨를 바르게 설명한 문장을 찾으세요.

① 수도권에는 천둥과 함께 250mm 이상의 많은 비가 내리겠다.

② 수도권을 제외한 중부 지방은 많은 비가 내리다가 오후에 그치겠다.

③ 남부 지방에는 50~150mm의 비가 내리겠다.

④ 중부 지방에는 최고 기온이 30도가 넘는 무더위가 나타나겠다.

⑤ 제주도는 아침에도 최저 기온이 30도가 넘겠다.

5 앞 일기 예보의 '내일' 날씨를 잘못 설명한 문장을 찾으세요.

① 중부 지방에는 비가 계속 내릴 것이다.

② 남부 지방은 오랜만에 구름 한 점 없이 맑을 것이다.

③ 중부 지방의 기온은 아침과 낮 모두 오늘보다 낮을 것이다.

④ 남부 지방은 오늘보다 더 더울 것이다.

⑤ 일부 지역에서는 열대야가 나타날 것이다.

6 '모레'의 일기 예보에서 전국에 공통으로 나타나는 날씨는 무엇인가요?

① 비   ② 눈   ③ 구름 많음

④ 맑음   ⑤ 안개

7 앞 글을 읽고 다음의 빈칸을 숫자로 채우세요.

9월 1일, 중부 지방에 내리는 비의 양: [   ] ~ [   ] mm

어휘력 기르기

1 단계 다음 낱말의 뜻을 찾아 선으로 이으세요.

(1) 머금고 ●

(2) 각별히 ●

(3) 짙게 ●

● ㉠ 어떤 일에 대한 마음가짐이나 자세가 보통과는 다르게.

● ㉡ 사물의 어떤 기운을 안에 품고.

● ㉢ 그림자나 어둠 같은 것이 아주 뚜렷하거나 강하게.

2 단계 다음 글의 빈칸에 알맞은 낱말을 위에서 찾아 쓰세요.

(1) 어둠이 [   ] 깔려서 앞이 하나도 보이지 않는다.

(2) 바람은 맛있는 음식 냄새를 [   ] 우리에게 솔솔 불어왔다.

(3) 날씨가 건조해서 산불에 대한 주의가 [   ] 필요하다.

3 단계 다음 글에서 맞춤법이 틀린 부분을 찾아 올바르게 고쳐 쓰세요.

(1) 선생님께서 내주신 숙제를 모래까지는 끝내야 한다.

_____

(2) 윤진이와 싸워서 몇일 동안 서로 말을 하지 않았다.

_____

㉠ ☐

윤동주

머리의 **프로펠러**가

연자간 풍차보다

더- 빨리 돈다.

㉡ 땅에서 오를 때보다

하늘에 높이 떠서는

빠르지 못하다

숨결이 **찬** 모양이야.

㉢ ☐ 는-

새처럼, **나래**를

펄럭거리지 못한다

그리고 늘-

소리를 지른다.

숨이 찬가 봐.

프로펠러 비행기나 배에서, 엔진의 힘을 앞으로 나아가는 힘으로 바꾸는 장치. 날개가 회전하여 공기나 물을 뒤쪽으로 빠르게 밀어 비행기나 배를 앞으로 나아가게 한다. propeller   **연자간** 연자매(일반 맷돌보다 훨씬 큰 맷돌. 주로 소나 말이 돌린다.)로 곡식을 찧는 곳. 硏 갈 연 子 열매 자 間 장소 간   **풍차** 바람의 힘을 기계적인 힘으로 바꾸는 장치. 바람이 날개를 돌리면 힘을 기계에 전달한다. 風 바람 풍 車 수레 차   **숨결** 숨의 속도나 높낮이.   **찬** 힘이 들 만큼 몹시 호흡이 급한.   **나래** 주로 문학 작품에서, '날개'를 이르는 말.

1

추론

㉠과 ㉢에 공통으로 들어갈 낱말은 무엇일까요? 다음 사진에서 알맞은 것을 찾으세요.

①

②

③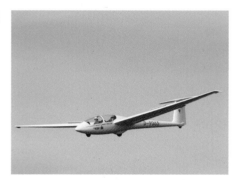

④

⑤

2

표현

이 시의 특징이 <u>아닌</u> 것을 찾으세요.

① 3연 13행으로 이루어졌다.

② 살아 있지 않은 것을 살아 있는 것처럼 표현하였다.

③ 1연, 2연, 3연으로 갈수록 행의 수가 늘어난다.

④ 무엇을 다른 것과 비교하였다.

⑤ 한 연은 한 문장으로 이루어졌다.

3

추론

이 시와 가장 어울리는 곳은 어디인가요?

① 바다   ② 땅속   ③ 연못

④ 하늘   ⑤ 우주

4

추론

ⓒ이 실제로는 어떤 상황일까요?

① 땅에서는 빠르지만 하늘에 떠서는 정지한다.

② 하늘을 날 만큼 빠르지 않다.

③ 빠른 물체도 하늘에 높이 떠서 멀어지면 빠르지 않게 보인다.

④ 빠르게 달리다가 뛰어오르면 금방 아래로 떨어진다.

⑤ 달리는 속도는 빠르지만 하늘을 나는 속도는 느리다.

5

감상

이 시를 가장 잘 읽은 사람은 누구인가요?

① 미연: 어떤 대상을 한참 바라보다가 그 특징을 시로 표현한 것 같아.

② 승리: 이 시의 말하는 이는 그 대상을 한심하게 생각하고 있는 것 같아.

③ 정우: 새처럼 하늘을 날고 싶어하는 마음을 느꼈어.

④ 규리: 새가 금방이라도 떨어질 것 같아 너무 안타까웠어.

⑤ 현성: 빠르게 날지도, 날개를 펄럭거리지도 못하는 새가 상상되어 답답했어.

6

감상

이 시의 분위기를 가장 잘 나타낸 낱말을 고르세요.

① 재미있다   ② 우울하다

③ 허전하다   ④ 긴장되다

⑤ 부끄럽다

어휘력 기르기

1단계   다음 낱말의 뜻을 찾아 선으로 이으세요.

(1) 풍차 •

• ㉠ 주로 문학 작품에서, '날개'를 이르는 말.

(2) 숨결 •

• ㉡ 바람의 힘을 기계적인 힘으로 바꾸는 장치.

(3) 나래 •

• ㉢ 숨의 속도나 높낮이.

2단계   위에서 배운 낱말을 빈칸에 넣어 문장을 완성하세요.

(1) 새는 [   ][   ] 를 펄럭거리며 하늘로 날아올랐다.

(2) 바람이 불자 [   ][   ] 가 돌기 시작했다.

(3) 가까이 다가가니 현주의 [   ][   ] 이 느껴졌다.

3단계   다음 설명을 읽고, 빈칸에 알맞은 낱말을 쓰세요.

間
장소 간

연자간: 연자매(큰 맷돌)로 곡식을 찧는 곳.

외양간: 말이나 소를 기르는 곳.

(1) 어미 소는 [   ][   ][   ] 에서 아기 소에게 젖을 먹이고 있었다.

(2) 어머니는 깨를 빻으러 [   ][   ][   ] 에 가셨다.

＊ **빻으러** 찧어서 가루로 만들러.

옛날 어느 시골 마을에 방귀를 잘 뀌는 처녀가 살았습니다. 얼마 뒤, 그 처녀는 옆 동네의 총각과 결혼하여 **시부모**와 함께 지냈습니다. 그런데 처음에는 달처럼 하얗고 예뻤던 얼굴이 어느 날부터인지 점점 어두워지고 누렇게 변해 갔습니다. 시아버지는 **며느리**의 건강이 걱정되어 물어보았습니다.

"얘야, 음식을 잘못 먹은 것이냐? 아니면 어디가 아픈 것이냐? 날이 갈수록 얼굴빛이 나빠지니 참으로 걱정되는구나."

며느리가 한참을 머뭇거리다 말했습니다.

"사실은 제가 이곳에 시집을 온 뒤로 방귀를 제대로 뀌지 못해서……."

시아버지는 어처구니가 없어 **헛웃음**을 쳤습니다.

"허허허, 괜찮다. 세상에 방귀 안 뀌고 사는 사람이 어디 있다더냐? 이제부터는 맘 놓고 뀌어도 된다."

"제 방귀가 워낙 세서……."

며느리는 시아버지께 문고리를, 시어머니께 부엌 솥뚜껑을, 남편에게는 기둥을 꼭 붙잡고 있으라고 **신신당부**했습니다. 그러고는 뒤로 몇 발짝 물러나더니 마침내 방귀를 뀌었습니다.

"뽕! 뿌뿌뿌웅! 빠앙!"

며느리의 엄청난 방귀에 식구들은 집 담장 밖으로 날아가 버렸고, 집안 살림은 **풍비박산**이 나고 말았습니다. 시아버지는 당황한 표정으로 며느리에게 소리쳤습니다.

"그만 뀌어라! 한 번 더 뀌면 집이 다 무너지겠구나! 너를 **친정**으로 돌려보내야겠다."

며느리는 시아버지를 따라 친정집으로 돌아가게 되었습니다. 가는 길에 큰 배나무 아래에서 쉬고 있는 비단 장수와 **놋그릇** 장수를 만났습니다. 두 장수는 목이 너무 말라서 배나무에 열린 탐스러운 배를 따 먹고 싶었지만, 방법이 없어 고민하던 참이었습니다.

며느리는 그들에게 다가가 말했습니다.

"제가 저 맛있는 배를 따 드리면 비단과 놋그릇을 나누어 주실 수 있습니까?"

그들은 며느리의 **제안**을 **흔쾌히** 받아들였습니다. 며느리는 배나무에 대고 다시 한번 방귀를 힘차게 뀌었습니다.

"뿡! 뿌뿌뿌웅! 빠앙!"

그러자 배나무에 걸려 있던 배들이 땅으로 후드득 떨어졌습니다. 며느리는 그 배들을 주워 건네주고 ㉠ 귀한 물건들을 받았습니다. 옆에서 지켜보던 시아버지가 말했습니다.

㉡"지금 보니 참말로 복이 많은 방귀로구나. 다시 집으로 돌아가자."

시아버지는 며느리와 함께 왔던 길을 돌아갔습니다. 그리고 비단과 놋그릇을 팔아 부자가 되었습니다. 그 뒤 식구들과 함께 잘 먹고 잘 살았답니다.

– 전래 동화

시부모 남편의 아버지(시아버지)와 어머니(시어머니)를 아울러 이르는 말. 媤 시집 시 父 아버지 부 母 어머니 모 **며느리** 아들의 아내를 이르는 말. **헛웃음** 어이가 없어서 피식 웃는 웃음. **신신당부** 되풀이하여 간절하게 하는 부탁. 申 거듭 신 申 거듭 신 當 마땅 당 付 부탁 부 **풍비박산** 부서져 사방으로 날아 흩어짐. 風 바람 풍 飛 날 비 雹 두들길 박 散 흩어질 산 **친정** 결혼한 여자의 부모 형제 등이 살고 있는 집. 親 어버이 친 庭 집안 정 **놋그릇** 놋쇠라는 금속으로 만든 그릇. **제안** 어떤 일이나 대상에 대하여 내놓은 의견. 提 제시할 제 案 생각 안 **흔쾌히** 기쁘고 즐겁게. 欣 기쁠 흔 快 즐거울 쾌

1
제목

빈칸에 알맞은 낱말을 넣어 이 글의 제목을 완성하세요.

방귀쟁이 [　　　　　　　]

2
인물

이 글에 등장하지 <u>않은</u> 인물을 고르세요.

① 며느리　　　　② 시아버지　　　　③ 시어머니

④ 남편　　　　⑤ 배 장수

3
내용
파악

㉠ '귀한 물건들'이 가리키는 것을 찾아 쓰세요.

[　　　　　　] 과 [　　　　　　]

4 이 글의 내용으로 바른 것을 고르세요.

내용
파악

① 처녀는 결혼한 뒤에 얼굴빛이 더 좋아졌다.

② 시아버지는 방귀를 접한 뒤에 며느리를 대하는 태도를 바꾸었다.

③ 시어머니는 며느리가 방귀를 뀐 뒤에 친정집으로 돌려보내려고 했다.

④ 비단 장수와 놋그릇 장수는 시아버지에게 배를 따 달라고 부탁했다.

⑤ 시아버지는 며느리를 친정에 무사히 잘 데려다주었다.

5 시아버지가 ⓛ처럼 말한 이유는 무엇인가요?

추론

① 며느리의 방귀가 예전보다 약해져서.

② 며느리가 방귀를 뀐 뒤에 좋은 일들만 생겨서.

③ 며느리의 방귀 냄새가 향긋해서.

④ 며느리가 방귀로 배를 따 주고 귀한 물건들을 받아서.

⑤ 며느리가 방귀로 자신에게 맛있는 배를 따 주어서.

6 이 글에서 일어난 일과 그 까닭이 바르게 연결되지 <u>않은</u> 것을 고르세요.

추론

일어난 일	일어난 까닭
① 며느리의 얼굴이 어두워지고 누렇게 변함.	방귀를 뀌지 못하고 참아서.
② 식구들은 담장 밖으로 날아가고, 살림은 풍비박산이 남.	며느리가 참았던 방귀를 뀌어서.
③ 며느리를 친정으로 돌려보내려고 함.	방귀를 한 번 더 뀌면 집이 다 무너질 것 같아서.
④ 며느리가 배나무에 대고 방귀를 뀜.	비단 장수와 놋그릇 장수에게 배를 따 주기 위해서.
⑤ 식구들이 부자가 되어 잘 먹고 잘 삶.	며느리가 방귀로 따 준 배를 시장에 가서 팔아서.

어휘력 기르기

7 문제 가운데 (   ) 문제 맞힘

1단계 다음 낱말의 뜻을 찾아 선으로 이으세요.

(1) 신신당부 ●

(2) 풍비박산 ●

● ㉠ 부서져 사방으로 날아 흩어짐.

● ㉡ 되풀이하여 간절하게 하는 부탁.

2단계 다음 글의 빈칸에 알맞은 낱말을 위에서 찾아 쓰세요.

(1) 폭탄이 떨어져 집이 ☐☐☐☐ 났다.

(2) 동생에게 집 문을 꼭 닫으라고 ☐☐☐☐ 했다.

3단계 밑줄 친 낱말의 뜻을 찾아 번호를 쓰세요.

배	① 사람이나 동물의 몸에서 가슴과 엉덩이 사이의 부위.
	② 사람이나 짐 따위를 싣고 물 위로 떠다니도록 만든 물건.
	③ 배나무의 열매.

(1) 태풍 때문에 배가 출발하지 못했다.   (   )

(2) 밥을 먹지 못해서 배가 매우 고팠다.   (   )

(3) 형은 물이 많고 단맛이 나는 배를 좋아한다.   (   )

집과 글을 닮은 점이 있습니다. 집은 방, 부엌, 화장실 등이 모여 이루어집니다. 또 방은 침대와 **장롱** 등이, 부엌은 **싱크대**와 가스레인지 등이, 화장실은 세면대와 변기 등이 모여 각각의 역할을 합니다. 이처럼 글은 여러 문단이 모여 만들어지고, 문단은 여러 문장이 모여 이루어집니다.

　여러 문장이 모여 이룬 덩어리를 '문단'이라고 합니다. 하지만 문장이 모여 있다고 다 문단이 되는 것은 아닙니다. 문장들은 하나의 **중심 생각**으로 연결되어야 합니다. 싱크대와 가스레인지 옆에 변기가 있으면 어색하듯, 문단 안의 문장들도 관계가 있는 것끼리 모여 있어야 합니다.

　① 김치로 만들 수 있는 음식은 여러 가지입니다. ② 김치에 물을 붓고 고기나 참치 등을 넣어 끓이면 김치찌개가 됩니다. ③ 잘게 썬 김치를 밀가루와 섞어 반죽을 만든 뒤 기름에 부쳐 김치전을 만들 수도 있습니다. ④ 또 잘게 썬 김치에 각종 채소를 넣고 밥과 함께 볶은 김치볶음밥도 있습니다.

　위 문단은 네 문장으로 이루어졌습니다. ①~④는 서로 관련 있는 내용으로 연결되어 자연스러운 문단이 되었습니다. 여기서 ①은 문단 전체 내용을 대표하는 문장입니다. 이런 문장을 '중심 문장'이라고 합니다. 중심 문장은 주로 문단의 맨 앞이나 맨 뒤에 옵니다. ②~④는 중심 문장과 관련된 내용을 예를 들어 설명하고 있습니다. 이렇게 중심 문장의 내용을 이해하기 쉽게 도와주는 문장을 '뒷받침 문장'이라고 합니다.

　문단을 시작할 때에는 한 칸을 들여 씁니다. 한 문단이 끝나면 그다음 문단은 줄을 바꾸어 씁니다. 그리고 다시 한 칸을 들여씁니다. 이렇게 문단을 나누면 중심 생각을 **효과적으로 명확하게** 전달할 수 있습니다.

　글을 읽을 때에도, 문단의 개념을 알고 중심 문장과 뒷받침 문장을 구별하면 글의 내용을 쉽게 이해할 수 있습니다.

장롱 옷 따위를 넣어 두는 가구. 欌 장롱 장 籠 바구니 롱　**싱크대** 요리할 재료를 다듬거나 씻거나 요리할 수 있도록 만든 곳. sink 臺 대 대　**중심 생각** 글을 통하여 글쓴이가 전하려고 하는 생각. 中 가운데 중 心 가운데 심　**효과적** 효과가 있는 것. 效 나타날 효 果 결과 과 的 과녁 적　**명확하게** 분명하고 확실하게. 明 밝을 명 確 확실할 확

1

핵심어

이 글에서 가장 중요한 말은 무엇인가요?

① 집　　　　　② 글　　　　　③ 문단

④ 중심 문장　　　⑤ 뒷받침 문장

2

내용
파악

문단에 대한 설명으로 **틀린** 것을 고르세요.

① 한 문단이 끝나면 그다음 문단은 줄을 바꾸어 쓴다.

② 문단이 모여서 글을 이룬다.

③ 여러 문장이 모여서 문단을 이룬다.

④ 문단을 시작할 때에는 한 칸을 들여 쓴다.

⑤ 한 문단 안에는 중심 생각을 여러 개 써도 된다.

3

내용
파악

설명하는 내용이 맞으면 ○표, 틀리면 X표 하세요.

(1) 중심 문장은 주로 문단의 맨 앞이나 맨 뒤에 온다.　　　　　　　(　　　)

(2) 한 문단 안의 문장들은 서로 관계가 없어도 된다.　　　　　　　(　　　)

(3) 새 문단을 시작할 때에는 한 칸 들여 쓴다.　　　　　　　　　　(　　　)

(4) 문단의 내용을 대표하는 문장을 뒷받침 문장이라고 한다.　　　(　　　)

(5) 뒷받침 문장은 중심 문장의 내용을 이해하기 쉽게 도와주는 문장이다.　(　　　)

4 다음 글을 읽고 질문에 답하세요.

적용

> ㉠ 종국이는 운동을 많이 한다. ㉡ 아침에 일어나면 줄넘기를 한다. ㉢ 체육 시간에는 신나게 수업에 참여한다. ㉣ 점심시간에는 친구들과 모여 축구를 한다. ㉤ 축구는 11명씩 두 팀이 하는 경기다. ㉥ 집에 돌아오면 저녁을 먹고 나서 동네를 한 바퀴 달린다.

(1) ㉠ ~ ㉥ 가운데 중심 문장은 어느 것인가요? ( )

(2) ㉡ ~ ㉥ 가운데 뒷받침 문장으로 어울리지 <u>않는</u> 것을 고르세요. ( )

5 빈칸에 들어갈 중심 문장은 무엇인가요?

적용

> 나방은 자신의 색깔과 비슷한 나무나 풀잎을 찾아가 그곳에 머문다. 개구리들도 자신의 피부 색깔과 비슷한 나뭇잎이나 풀잎에서 생활한다. 모래 색깔을 띠고 있는 가자미는 바닷속 모래에 납작 엎드려 지낸다. [   ] .

① 동물마다 사는 곳이 다르다. ② 동물은 식물과 가까이 지낸다.

③ 동물마다 몸의 색깔이 다르다. ④ 동물은 자신의 색깔과 비슷한 곳에서 산다.

⑤ 힘센 동물은 약한 동물을 잡아먹는다.

6 빈칸에 알맞은 말을 넣어 앞 글의 내용을 요약하세요.

요약

> 하나의 중심 생각을 중심으로 여러 문장이 모여 이룬 덩어리를 (1) (   ) 라고 한다. 한 문단은 (2) (   ) 한 개와 (3) (   ) 여러 개로 이루어진다. 문단을 시작할 때에는 한 칸 들여 쓴다.

어휘력 기르기

1단계 다음 낱말의 뜻을 찾아 줄로 이으세요.

(1) 낱말 •   • ㉠ 여러 낱말을 써서 정리된 내용을 글로 나타낸 것.

(2) 문장 •   • ㉡ 여러 문장이 모여서 하나의 생각을 나타내는 글의 덩어리.

(3) 문단 •   • ㉢ 홀로 쓰일 수 있는 말.

2단계 위에서 배운 낱말을 빈칸에 넣어 문장을 완성하세요.

(1) '하늘', '높다', '푸르다'는 모두 ☐☐ 이다.

(2) '하늘이 높고 푸르다.'는 ☐☐ 이다.

(3) ☐☐ 을 새로 시작할 때에는 한 칸 들여 쓴다.

3단계 설명을 읽고, 밑줄 친 낱말의 뜻을 찾아 번호를 쓰세요.

> 짓다 : ① 재료를 들여 밥, 옷, 집 따위를 만들다.
>
> ② 시, 소설, 편지, 노래 가사 따위의 글을 쓰다.
>
> ③ 논밭을 다루어 농사를 하다.
>
> ④ 어떤 표정이나 모양이 겉으로 드러나다.

(1) 할머니께서 한복을 지어 주셨다.   (   )

(2) 외삼촌께서 시골에서 농사를 지으신다.   (   )

(3) 종민이를 보면 미소를 짓게 된다.   (   )

(4) 석주는 시인이 되겠다며 날마다 시를 한 편씩 짓는다.   (   )

포유동물이란 일반적으로 **허파**로 숨을 쉬며, 체온이 일정하고, 어미에게서 태어나 젖을 먹고 자라는 동물을 말합니다. 그런데 알을 깨고 나오는 포유동물도 있습니다.

오리너구리는 호주와 그 주변 섬에 사는 포유동물입니다. 부리와 **물갈퀴**는 오리를, 꼬리는 너구리를 닮아 이름이 그렇게 지어졌습니다. 머리에는 오리 부리와 비슷하게 생긴 부리가 있습니다. 하지만 오리너구리의 부리는 피부로 이루어져 있기 때문에 단단하지 않습니다. 오리너구리는 감각 기관인 부리를 이용해 가재, 지렁이, 곤충 등을 **감지**하여 잡아먹습니다. 앞발의 물갈퀴는 발가락보다 길어, 수영할 때 큰 도움이 됩니다. 반대로, 땅 위를 기어다닐 때에는 불편하기 때문에 **뭍**으로 올라오면 물갈퀴를 접습니다. 수컷의 발뒤꿈치에는 **며느리발톱**이 있습니다. 그 안쪽에는 **독샘**이 있어, 위험한 상황이 닥치면 독이 나오는 며느리발톱으로 공격합니다. 오리너구리는 포유동물이지만 특이하게도 알을 낳습니다. 강이나 호수 근처에 굴을 파고 살며, 암컷은 알을 한 번에 두 개 정도 낳습니다. 알이 나온 지 12일 정도 지나면 그 알에서 새끼가 나옵니다. 오리너구리는 젖꼭지가 없습니다. 그래서 새끼는 어미의 배에서 흘러나오는 젖을 핥아 먹으며 4개월쯤 자라다가 **독립**합니다.

가시두더지도 호주와 그 주변 섬에서 삽니다. 몸에 가시처럼 보이는 **센털**이 있어 고슴도치로 오해받기도 합니다. 가시두더지는 긴 혀를 이용해 개미나 흰개미를 잡아먹습니다. 위험을 느끼면 땅을 파고 들어갑니다. 하지만 상황이 급하거나 땅이 단단해 파고 숨을 수 없을 때에는 몸을 공처럼 둥글게 말아 가시처럼 뾰족한 센털로 자신을 보호합니다. 초가을부터 늦봄까지는 굴에 들어가 겨울잠을 잡니다. 가시두더지도 새끼가 아니라 알을 낳습니다. 알이 나온 지 10~11일이 지나면 새끼가 알을 깨고 나옵니다. 오리너구리와 마찬가지로 어미에게 젖꼭지가 없어 새끼는 어미 피부로 나오는 젖을 핥아 먹습니다. 알을 깨고 나온 새끼는 50일 정도 어미의 주머니 안에서 지냅니다. 이후에는 주머니에서 나와 생활합니다.

이 두 포유동물은 파충류와 조류의 특징도 지니고 있어 과학자들이 무척 흥미롭게 연구하고 있습니다.

허파 척추동물 대부분의 가슴안에 있는 호흡 기관. 🔵 폐　**물갈퀴** 개구리, 기러기, 오리 등의 발가락 사이에 있는 얇은 막.　**감지** 느껴 앎. 感 느낄 감 知 알 지　**뭍** 지구 표면에서 물이 있는 곳을 뺀 나머지 부분.　**며 느리발톱** 보통 새 수컷의 다리 뒤쪽에 뾰족하게 나온 부분.　**독샘** 독을 내보내는 곳. 毒 독 독　**독립** 다 른 것에 의존하지 않고 혼자 생활함. 獨 홀로 독 立 설 립　**센털** 포유류의 털 가운데 빳빳한 털.

1

제목

빈칸에 알맞은 낱말을 넣어 이 글의 제목을 완성하세요.

　　　　　　　□ 을 낳는 □ □ □ □

2

내용
파악

다음 중 포유동물의 일반적 특징이 <u>아닌</u> 것을 찾으세요.

① 허파로 숨을 쉰다.　　　　　　② 체온이 일정하다.

③ 어미에게서 태어난다.　　　　　④ 젖을 먹고 자란다.

⑤ 부리가 있다.

3

내용
파악

오리너구리와 가시두더지의 특징을 정리하였습니다. 빈칸에 알맞은 낱말을 쓰세요.

	오리너구리	가시두더지
공통점	(1) □ 을 낳는다. (2) □ □ □ 가 없어 새끼는 젖을 핥아 먹는다.	
차이점	(3) □ □ 와 물갈퀴가 있다. 독으로 공격할 수 있다.	가시 같은 (4) □ □ 이 있다. 겨울잠을 잔다.

2주 | 7회 33

4 가시두더지는 모습이 비슷해 어떤 동물로 오해를 받기도 합니다. 그 동물은 무엇인가요?

5 오리너구리를 잘못 설명한 문장을 찾으세요.

① 부리를 이용해 먹이를 감지한다.　　② 앞발의 물갈퀴는 발가락보다 길다.

③ 암컷의 발뒤꿈치에 며느리발톱이 있다.　　④ 강이나 호수 근처에 굴을 파고 산다.

⑤ 호주와 그 주변 섬에서 산다.

6 가시두더지를 가장 잘 설명한 문장을 찾으세요.

① 긴 혀를 이용해 가재와 지렁이를 잡아먹는다.

② 위험을 느끼면 자신의 가시를 뽑아 공격한다.

③ 한겨울에만 겨울잠을 잔다.

④ 알을 깨고 나온 새끼는 약 50일 동안 어미의 주머니 안에서 지낸다.

⑤ 알이 나온 지 일주일 지나면 새끼가 알을 깨고 나온다.

7 다음 사진을 보고 괄호 안에 동물 이름을 쓰세요.

(1)

(　　　　　　　)

(2)

(　　　　　　　)

1단계   다음 낱말의 뜻을 찾아 선으로 이으세요.

(1) 허파 •   • ㉠ 척추동물 대부분의 가슴안에 있는 호흡 기관.

(2) 센털 •   • ㉡ 느껴 앎.

(3) 감지 •   • ㉢ 포유류의 털 가운데 빳빳한 털.

2단계   위에서 배운 낱말을 빈칸에 넣어 문장을 완성하세요.

(1) 늑대가 가시두더지를 잡아먹으려다가 ☐☐ 에 찔리고 말았다.

(2) 가시두더지는 위험을 ☐☐ 해서 몸을 둥글게 말아 방어했다.

(3) 할아버지는 ☐☐ 에 병이 생겨 계속 기침을 하셨다.

3단계   다음 뜻에 알맞은 낱말을 빈칸에 넣어 십자말풀이를 하세요.

(1) 1392년에 이성계가 고려를 무너뜨리고 세운 나라.

(2) 여러 부품을 물건 하나로 짜 맞춤.

(3) 다른 것에 의존하지 않고 혼자 생활함.

(4) 독을 내보내는 곳.

	(1) → (2) ↓	서
(3) → (4) ↓		
새		

　　돈은 우리가 나라에 낸 **세금**으로 만듭니다. 돈을 **훼손**하면 그만큼 세금이 낭비됩니다. 따라서 우리는 돈을 훼손하지 말아야 합니다.

　　돈으로 장난을 치지 말아야 합니다. 적은 금액의 돈이라고 동전을 함부로 버리거나 동전으로 놀이를 하는 것은 바람직하지 않습니다. 장난삼아 한 행동이라도 동전을 훼손하면 벌을 받습니다. 그리고 이렇게 망가진 돈은 제대로 사용할 수 없습니다.

　　돈을 지갑에 넣어 다니는 습관을 길러야 합니다. 꼬깃꼬깃 접거나 주머니에 아무렇게나 넣고 다니면 **지폐**가 **해어지고** 찢어질 수 있습니다. 해어진 지폐는 사용 기간이 크게 줄어듭니다. 하지만 지갑에 보관하면 훼손되는 것을 막아 오래 사용할 수 있습니다.

　　지폐에 낙서를 하지 말아야 합니다. **메모지** 대신 지폐에 글씨를 쓰거나 낙서를 하는 사람들이 있습니다. 지저분한 지폐는 보기에도 나쁘고 받는 사람의 기분을 상하게 할 수도 있습니다. 또 낙서 등으로 훼손된 돈을 **폐기**하는 데에도 큰 비용이 듭니다. 우리가 지폐를 깨끗이 사용하는 것만으로도 세금을 절약할 수 있습니다.

　　돈은 우리 모두 함께 쓰는 물건입니다. 그러므로 장난으로 훼손하거나 함부로 사용하면 안 됩니다. ㉠ '돈은 사용하는 사람의 얼굴이다' 하는 말이 있습니다. 돈을 깨끗하고 소중하게 다루어 오래 사용해야 합니다.

세금 나라나 지방 자치 단체가 국민한테서 거두어들이는 돈. 稅 세금 세 金 돈 금　　**훼손** 헐거나 깨뜨려 못 쓰게 함. 毁 헐 훼 損 해칠 손　　**지폐** 종이에 인쇄하여 만든 돈. 紙 종이 지 幣 화폐 폐　　**해어지고** 옷이나 신발 들이 닳아서 떨어지고.　　**메모지** 메모를 하기 위한 종이. memo 紙 종이 지　　**폐기** 못 쓰게 된 것을 버림. 廢 버릴 폐 棄 버릴 기

1 　이 글에서 가장 중요한 낱말은 무엇인가요?

핵심어

① 돈　　　　　　② 지갑　　　　　　③ 낙서

④ 동전　　　　　⑤ 세금

2 이 글의 종류는 무엇인가요?

글의
종류

① 동화   ② 논설문   ③ 설명문

④ 기행문   ⑤ 안내문

3 이 글의 중심 생각은 무엇인가요?

주제

① 돈을 저축하자.

② 세금을 낭비하지 말자.

③ 돈은 지갑에 보관하자.

④ 돈을 깨끗하게 사용하자.

⑤ 상대방을 존중하자.

4 돈이 훼손되는 것을 막을 수 있는 방법이 <u>아닌</u> 것을 고르세요.

내용
파악

① 돈을 사용하지 말아야 한다.

② 지폐에 낙서를 하지 말아야 한다.

③ 돈으로 장난을 치지 말아야 한다.

④ 돈을 지갑에 넣어 다니는 습관을 길러야 한다.

5 돈을 깨끗하게 사용해야 하는 까닭을 <u>잘못</u> 말한 사람은 누구인가요?

내용
파악

① 은우: 훼손된 돈을 폐기하는 데에도 비용이 많이 들기 때문이야.

② 지민: 돈을 훼손하면 사용 기간이 줄어들기 때문이야.

③ 서준: 돈을 훼손하면 그만큼 세금이 낭비되기 때문이야.

④ 소율: 돈을 깨끗하게 사용하면 얼굴이 예뻐지기 때문이야.

⑤ 세현: 훼손된 돈은 받는 사람의 기분을 상하게 할 수 있기 때문이야.

6 다음 중 돈을 바르게 사용하지 <u>않은</u> 행동을 고르세요.

적용

① 구겨진 지폐를 다리미로 다려 반듯하게 폈다.

② 돈이 구겨지지 않도록 반듯하게 펴서 지갑에 넣었다.

③ 거스름돈으로 받은 동전을 잃어버리지 않도록 지갑에 넣었다.

④ 친구가 지폐에 편지를 써 주어서 똑같은 방법으로 답장을 했다.

⑤ 동전으로 장난을 치려는 친구에게 그러면 안 된다고 말해 주었다.

7 밑줄 친 ㉠의 뜻으로 알맞은 것을 고르세요.

추론

① 돈을 많이 쓰면 얼굴이 예뻐진다.

② 돈에는 사람의 얼굴이 그려져 있다.

③ 얼굴을 보면 부자인지 아닌지 알 수 있다.

④ 돈을 보면 그 사람이 어떻게 생겼는지 알 수 있다.

⑤ 돈을 보면 그 사람의 성격이 어떤지 알 수 있다.

8 다음 설명을 읽고, 빈칸에 들어갈 낱말을 쓰세요.

어휘

우리가 사용하는 돈에는 지폐와 동전이 있다. 지폐는 종이에 인쇄하여 만든 돈이다. 그런데 우리나라 지폐는 종이처럼 보이지만, 종이가 아닌 면섬유로 만든다. 면섬유가 종이보다 질겨서 쉽게 훼손되지 않아 오래 사용할 수 있기 때문이다. 동전은 '주화'라고도 한다. 구리, 니켈 등의 금속으로 만든다.

주화의 '화'와 지폐의 '폐'를 합쳐서 ☐☐ 라고도 한다. 돈의 단위로 우리나라는 '원', 일본은 '엔', 중국은 '위안', 미국은 '달러', 영국은 '파운드'를 사용한다.

* **면섬유** 목화에서 뽑은 실.　　* **금속** 쇠, 구리, 금처럼 번들거리는 빛깔이 있고, 열과 전기를 이동시키는 성질이 있는 물질.　　* **주화** 쇠붙이를 녹여 만든 돈.

어휘력 기르기

1단계 다음 낱말의 뜻을 찾아 줄로 이으세요.

(1) 세금 •

(2) 훼손 •

(3) 지폐 •

• ㉠ 헐거나 깨뜨려 못 쓰게 함.

• ㉡ 종이에 인쇄하여 만든 돈.

• ㉢ 나라나 지방 자치 단체가 국민한테서 거두어들이는 돈.

2단계 위에서 배운 낱말을 빈칸에 넣어 문장을 완성하세요.

(1) 국가는 국민이 낸 ☐ ☐ 으로 살림을 꾸려 나간다.

(2) 인간은 더 이상 자연을 ☐ ☐ 해서는 안 된다.

(3) 우리나라의 만 원짜리 ☐ ☐ 에는 세종 대왕이 그려져 있다.

3단계 설명을 읽고, 아래 문장의 빈칸에 알맞은 낱말을 쓰세요.

> **헤어졌다**: 한곳에 있던 사람들이 따로따로 흩어졌다.
>
> **해어졌다**: 옷이나 신발 들이 닳아서 떨어졌다.

(1) 바지가 낡아서 무릎 부분이 ☐ ☐ ☐ ☐ .

(2) 우리는 다음 주에 다시 만나기로 약속하고 ☐ ☐ ☐ ☐ .

㉠ [   ]

류호철

내 양말에 구멍이 뿡
발가락이 쏙 나왔다.

발가락은 꼼틀꼼틀
㉡ **저거**끼리 좋다고 논다.

나도 좀 보자
나도 좀 보자
서로 밀치기 한다.

모처럼 구경하려는데
와 밀어내노
서로서로 얼굴을 내민다.

그런데 엄마가 양말을 **기워서**
발가락은 다시
캄캄한 세상에서
숨도 못 쉬고 살게 되었다.

저거 '저희'의 방언.   **모처럼** 애써서 오래간만에.   **기워서** 찢어지거나 오래 써서 못 쓰게 된 곳에 다른 조각을 대거나 그대로 꿰매어서.

1 이 시의 중심 낱말이 제목입니다. 이 시의 제목은 무엇일까요?

제목

① 밀치기   ② 구멍

③ 발가락   ④ 구경

⑤ 엄마

2 이 시의 특징을 정리했습니다. 틀린 것을 찾으세요.

내용
파악

① 발가락을 감정을 지닌 존재처럼 표현하였다.

② 각 행의 글자 수를 똑같이 맞추었다.

③ 흉내 내는 말을 사용하였다.

④ 같은 말을 반복하였다.

⑤ 1연 ~ 5연 모두 '-다.'로 끝난다.

3 이 시를 실감 나게 읽는 방법입니다. 잘못 설명한 문장을 고르세요.

내용
파악

① 1연 – '뿅'과 '쏙'을 강조하여 재미있게 읽는다.

② 2연 – 발가락끼리만 노는 상황을 질투하듯이 읽는다.

③ 3연 – 발가락끼리 경쟁하듯이 읽는다.

④ 4연 – 실제로 사투리를 쓰는 것처럼 자연스럽게 읽는다.

⑤ 5연 – 안타까운 마음이 드러나게 읽는다.

4 ⓒ은 누구인가요?

내용
파악

① 양말   ② 구멍   ③ 발가락들

④ 나   ⑤ 엄마

5 ⓒ은 방언(표준어가 아닌 말)입니다. 다음 중 방언을 <u>두</u> 개 더 찾으세요.

① 구멍   ② 밀치기   ③ 와

④ 밀어내노   ⑤ 기워서

6 이 시에는 방언이 쓰였습니다. 글쓴이가 방언을 쓴 까닭은 무엇일까요?

① 자신이 하려는 말을 실감 나게, 친밀하게 전달하려고.

② 다른 사람들과는 상관없는, 자신만의 이야기라는 점을 강조하려고.

③ 슬픈 감정을 더 정확하게 나타내려고.

④ 그 방언을 쓰는 사람들과만 소통하려고.

⑤ 글쓴이가 사는 동네를 알려 주려고.

7 이 시를 일기로 바꾸어 써 보았습니다. 괄호 안에 알맞은 낱말을 쓰세요.

	9월 23일 토요일 하늘엔 구름이 둥둥
	발가락
	양말을 신었는데 발가락 쪽에 (1) ( )이 뚫려 있었다. 그곳으로 발가락이
보	였다. 발가락들이 세상 구경을 하려고 서로 (2) ( )을 내미는 것 같았다. 그
런	데 엄마께서 그 모습을 보시더니 양말을 벗어 보라고 하셨다. 엄마는 바늘과 실을 꺼내어
양	말을 (3) ( ) 주셨다. 발가락들의 세상 구경은 그렇게 끝났다.

어휘력 기르기

1단계 다음 낱말의 뜻을 찾아 줄로 이으세요.

(1) 꼼틀꼼틀 •

(2) 모처럼 •

(3) 서로서로 •

• ㉠ 둘이 각각 그 상대에 대해.

• ㉡ 몸의 한 부분을 구부리거나 비틀며 움직이는 모양.

• ㉢ 애써서 오래간만에.

2단계 위에서 배운 낱말을 빈칸에 넣어 문장을 완성하세요.

(1) 우리 가족은 [   ] 바다로 여행을 떠났다.

(2) 힘들수록 [   ] 도와야 한다.

(3) 아기가 발가락을 [   ] 움직인다.

3단계 다음 설명을 읽고, 빈칸에 알맞은 낱말을 쓰세요.

> **기어서**: 엎드린 상태로 손이나 팔다리 등을 움직여 앞으로 나아가서.
>
> **기워서**: 찢어지거나 오래 써서 못 쓰게 된 곳에 다른 조각을 대거나 그대로 꿰매어서.

(1) 할머니는 양말에 구멍이 나도 [ ][ ][ ] 신으신다.

(2) 거북이는 [ ][ ][ ] 바다까지 이동했다.

물속 나라는 아주 아름다운 곳입니다. 곱고 깨끗한 모래가 깔려 있고, 바위에 뿌리를 내린 푸른 **미역**과 다시마가 물결 따라 춤을 추기도 합니다. 그리고 **산호**가 꽃처럼 피어 있습니다.

이 아름다운 물속 나라에 물고기, 게, 새우, 조개가 살고 있었습니다. 물속 나라 친구들은 아주 사이좋게 살고 있었습니다.

물고기, 게, 새우는 모두 ㉠ 재주를 하나씩 가지고 있었습니다. 물고기는 헤엄을 잘 칩니다. 지느러미를 너풀거리며 멋진 춤도 출 수 있습니다. 다리가 많은 게는 걸음이 무척 빠릅니다. **쏜살같이** 옆으로 달리는 재주는 누구도 흉내낼 수 없습니다. 새우는 뜀뛰기를 잘합니다. 등을 동그랗게 굽혔다가 힘차게 펴면서 뛰어오르는 재주를 가지고 있습니다.

그러나 모래 위에 웅크리고 있는 조개는 별다른 재주가 없습니다. 그저 모래 위에서 **뭉그적거리기만** 할 뿐입니다.

'나는 왜 물고기처럼 지느러미가 없을까? 나도 헤엄을 치고 싶은데…….'

조개는 물고기를 부러워하였습니다.

'나는 왜 다리가 없을까? 나도 힘차게 **달음박질**을 하고 싶어.'

조개는 게를 부러워하였습니다.

'나는 왜 등을 굽혔다 폈다 할 수 없을까? 나도 뜀뛰기를 할 수 있었으면…….'

이번에는 새우를 부러워하였습니다.

헤엄을 치고, 달음박질을 하고, 뜀뛰기를 해서 먼 곳까지 마음대로 다녀오는 물고기, 게, 새우를 보며 조개는 풀이 죽었습니다.

풀이 죽은 조개가 가여워서 물고기, 게, 새우는 따뜻하게 위로하였습니다.

"조개야, 네 껍데기가 얼마나 단단하고 멋진데! 톱날 달린 내 **집게발**로 아무리 가위질을 해도 꿈쩍하지 않잖아?"

게가 말하였습니다.

"그리고 껍데기를 마음대로 열었다 닫았다 할 수 있는 것은 또 얼마나 멋진 재주니?"

물고기가 말하였습니다.

"그래, 너는 우리가 흉내조차 낼 수 없는 더 멋진 재주를 가지고 있어."

새우가 말하였습니다. 그러나 조개는 자기를 위로하기 위하여 친구들이 거짓말을 한다고 생각하였습니다.

결국 조개는 마음의 병을 얻었습니다. 그것은 곧 몸의 병으로 옮아갔습니다. 처음에는 그저 속살이 **찌뿌드드한** 몸살이었습니다. 그러나 몸살은 살을 찢는 듯한 아픔으로 변하여 마침내 정신을 잃을 만큼 조개를 괴롭게 하였습니다.

때맞추어 바다도 함께 몸살을 앓는 듯 무서운 파도를 일으켰습니다. 조개는 아픔을 견디어 물결 따라서 이리 데굴 저리 데굴 정신없이 굴렀습니다.

시간이 얼마나 지났는지 모릅니다. 어느덧 파도는 가라앉고 눈부신 햇살이 물속까지 비추고 있었습니다. 정신을 차린 조개는 굳게 닫았던 껍데기를 열었습니다.

그때 물속 나라 친구들은 보았습니다. 조개의 살에 박혀 있는 아름다운 **진주**를……

– 조장희, 〈진주를 품은 조개〉

산호 깊이 100~300미터의 바닷속에서 나뭇가지 모양을 이루어 사는 동물. 珊 산호 산 瑚 산호 호　　**쏜살같이** 쏜 화살과 같이 매우 빠르게.　　**뭉그적거리기만** 한 자리에서 떠나지 않고 조금 큰 동작으로 느리게 움직이기만.　　**달음박질** 급히 뛰어 달려가는 짓.　　**풀** 힘 있는 기세나 씩씩하고 활발한 기운.　　**집게발** 게나 가재 등의 다리 끝이 집게처럼 생긴 발.　　**찌뿌드드한** 몸살이나 감기 등으로 몸이 무겁고 불편한.　　**진주** 조개나 전복 등의 몸에서 만들어지는 구슬 모양의 딱딱한 덩어리. 眞 참 진 珠 진주 주

---

1 이 이야기의 주인공은 누구인가요?

인물

① 물고기　　　　② 게　　　　③ 새우

④ 조개　　　　⑤ 산호

2 이 이야기에서 새우의 재주는 무엇인가요?

내용
파악

① 뜀뛰기를 잘한다.　　　　② 걸음이 무척 빠르다.

③ 헤엄을 잘 친다.　　　　④ 진주를 만든다.

3 이 이야기의 내용으로 <u>틀린</u> 것을 고르세요.

내용
파악

① 물고기, 게, 새우, 조개는 서로 사이가 좋은 친구다.

② 조개는 친구들의 재주를 보며 풀이 죽었다.

③ 조개를 위로하기 위하여 물속 나라 친구들은 거짓말을 하였다.

④ 조개는 자기가 아무런 재주가 없다고 생각하여 마음의 병을 얻었다.

⑤ 아픔을 견디고 정신을 차린 조개가 껍데기를 열자 살에는 진주가 박혀 있었다.

4 ㉠ '재주'와 바꾸어 쓸 수 있는 낱말은 무엇인가요?

어휘

① 버릇   ② 약점   ③ 취미

④ 꿈   ⑤ 재능

5 이 이야기가 주는 교훈이 <u>아닌</u> 것을 고르세요.

주제

① 누구에게나 잘하는 것은 있다.

② 힘들고 어려운 일이 있어도 참고 견디면 좋은 결실을 얻는다.

③ 친구가 힘들어할 때 위로하고 도와주자.

④ 어떤 문제라도 서로 협력하면 충분히 해결할 수 있다.

6 이 이야기의 조개와 같은 태도를 보이는 친구는 누구인가요?

적용

① 원후: 우리 반에서 달리기로 나를 이길 사람은 없어. 내가 가장 빨라.

② 영훈: 나는 운동을 못해서 축구, 농구, 야구 다 잘하는 지수가 너무 부러워.

③ 승재: 민재야, 지금은 어렵고 힘들겠지만 포기하지 않는다면 꼭 성공할 수 있을 거야.

④ 미주: 승민아, 너는 왜 그렇게 그림을 못 그리니?

⑤ 혜인: 힘들어서 이제 더는 못하겠으니 나는 포기할래.

어휘력 기르기

6 문제 가운데 (   ) 문제 맞힘

1단계 다음 낱말의 뜻을 찾아 선으로 이으세요.

(1) 쏜살같이 •

(2) 찌뿌드드한 •

• ㉠ 쏜 화살과 같이 매우 빠르게.

• ㉡ 몸살이나 감기 등으로 몸이 무겁고 불편한.

2단계 다음 글의 빈칸에 알맞은 낱말을 위에서 찾아 쓰세요.

(1) 어제 비를 맞았더니 ☐☐☐☐☐ 느낌이 든다.

(2) 상진이는 멀리서 나를 보자마자 ☐☐☐☐☐ 달려왔다.

3단계 다음은 '풀'에 대한 설명입니다. 밑줄 친 부분의 뜻을 찾아 번호를 쓰세요.

풀	① 힘 있는 기세나 씩씩하고 활발한 기운. ② 무엇을 붙이는 데에 쓰는 끈적끈적한 물질.

(1) 동생은 색종이를 풀로 이어 붙여 강아지를 만들었다.　　　　　　　(　　　)

(2) 용재는 형한테 혼나서 풀이 죽었다.　　　　　　　(　　　)

① 우리나라에는 '봄, 여름, 가을, 겨울' 사계절이 있습니다.
② 사계절 가운데 봄이 가장 아름답습니다.

위 문장들 가운데 사실과 의견을 어떻게 구별할까요?

사실은 실제로 있었던 일이나 현재에 있는 일입니다. 위 문장들 가운데 ①이 사실입니다. 누가 보든지 ①은 과거에도 있었고, 현재에도 있는 일이기 때문입니다. '한 일, 본 일, 들은 일'도 사실을 나타낸 것입니다. 글을 쓸 때에는, '하였다, 들었다, 보았다' 등으로 표현합니다.

지식이나 정보를 전달할 목적으로 쓰는 글에는 주로 사실을 씁니다. 이런 글에는, 어떤 대상을 알기 쉽게 풀이한 '설명문', 실제로 살았던 사람의 **일생**을 기록한 '전기문', 실험하거나 **견학**한 내용을 보고하는 '보고문', 알릴 만한 가치가 있는 일을 **육하원칙**에 의해서 쓴 '기사문' 등이 있습니다. 이러한 글은, 그 글에 제시된 정보가 정확하고 **적절한지** 생각해 가면서 읽습니다.

의견은 어떤 대상에 대한 '생각'입니다. 따라서 똑같은 사실에 대해서도 사람마다 의견이 다를 수 있습니다. ②의 경우에도 봄을 가장 아름답다고 생각하는 사람도 있겠지만, 가을이나 겨울을 더 아름답다고 생각하는 사람도 있을 것입니다.

자신의 주장을 밝혀 상대를 **설득**할 목적으로 쓰는 글에는, 사실을 바탕으로 하여 그것에 대한 자신의 의견을 적습니다. 주장을 밝힐 때에는, '~해야 한다, ~라고 생각한다, ~좋겠다' 등으로 표현합니다. 의견을 적은 글에는, 어떤 문제에 대한 자기의 주장을 펼치는 '논설문', 자신이 보고 들은 것에 대해 느낀 점을 쓴 '감상문' 등이 있습니다. 이런 글은, 그 의견이 옳은지, 근거는 **타당한지** 등을 판단하면서 읽습니다.

일생 세상에 태어나서 죽을 때까지의 동안. ― 하나 일 生 날 생   **견학** 직접 가서 보고 배우는 것. 見 볼 견 學 배울 학   **육하원칙** 신문 기사나 방송 보도를 쓸 때 '누가, 언제, 어디서, 무엇을, 어떻게, 왜' 했는지 여섯 가지를 밝혀야 하는 원칙. 六 여섯 육 何 어찌 하 原 근원 원 則 법 칙   **적절한지** 아주 알맞은지. 適 맞을 적 切 적절할 절   **설득** 자기 뜻에 따르도록 잘 설명하거나 타이르는 것. 說 말씀 설 得 얻을 득   **근거** 어떤 주장이나 의견에 대한 이유. 根 뿌리 근 據 근거 거   **타당한지** 이치에 맞고 옳은지. 妥 마땅할 타 當 마땅 당

1

제목

이 글의 제목으로 알맞은 것을 고르세요.

① 사실 　　　　　② 사계절 　　　　　③ 우리나라

④ 글의 종류 　　　　⑤ 사실과 의견

2

내용
파악

'사실'에 대한 설명으로 바르지 <u>않은</u> 것을 고르세요.

① 실제로 있었던 일이다.

② '한 일', '본 일', '들은 일' 등은 사실이다.

③ 지식이나 정보를 전달하는 글에는 주로 사실이 쓰인다.

④ '~해야 한다', '~좋겠다' 등으로 표현한다.

⑤ 사실 위주의 글은 제시된 정보가 정확한지 생각해 가면서 읽는다.

* **위주** 어떤 것을 주로 삼음.

3

내용
파악

다음 중 사실을 위주로 써야 하는 글끼리 묶인 것을 고르세요.

① 설명문, 기사문 　　　　　　　② 논설문, 감상문

③ 전기문, 논설문 　　　　　　　④ 설명문, 감상문

⑤ 논설문, 설명문

4

내용
파악

'의견'에 대한 설명으로 바르지 <u>않은</u> 것은 무엇인가요?

① 어떤 대상에 대한 생각이다.

② 주로 주장이나 설득을 할 목적으로 사용한다.

③ 똑같은 사실에 대해서는 모든 사람의 의견이 같다.

④ 논설문, 감상문 등은 의견을 적는 글이다.

⑤ 의견을 밝혀 적은 글은 그 의견이 옳은지, 근거는 타당한지 판단하며 읽는다.

5 사실을 나타낸 문장에는 ○표, 의견을 나타낸 문장에는 △표 하세요.

(1) 사슴은 동물이다. ( )

(2) 장미꽃을 사길 잘했다. ( )

(3) 아버지께서 요리를 하신다. ( )

(4) 학용품을 아껴 써야 한다. ( )

(5) 과일 중에 귤이 가장 달콤하다. ( )

6 다음 그림을 보고 사실을 바르게 나타낸 문장을 고르세요.

① 여자아이가 귀엽다.

② 책을 많이 읽어야 한다.

③ 의자에 바르게 앉아야 한다.

④ 여자아이는 똑똑할 것 같다.

⑤ 여자아이가 책을 읽고 있다.

7 현태가 쓴 일기입니다. 의견이 나타난 문장 두 곳을 찾아 밑줄을 그으세요.

> 현장 학습
>
> 5월 12일 목요일 맑음
>
> 　내일은 동물원으로 현장 학습을 가는 날이다.
>
> 　선생님께서 오전 9시까지 학교 운동장으로 모이라고 하셨다. 현장 학습을 다녀와서 보고서를 써야 하니, 동물들을 자세히 관찰하라고도 말씀하셨다. 집으로 돌아와 동물 백과사전을 찾아보았다. 사진으로만 보던 동물을 직접 만난다고 생각하니 무척 설레고 기분이 좋았다. 빨리 내일이 되어 동물들을 보고 싶다.

어휘력 기르기

8 문제 가운데 (   ) 문제 맞힘

3주
11회

1단계 다음 낱말의 뜻을 찾아 선으로 이으세요.

(1) 일생 ●   ● ㉠ 어떤 주장이나 의견에 대한 이유.

(2) 견학 ●   ● ㉡ 직접 가서 보고 배우는 것.

(3) 근거 ●   ● ㉢ 세상에 태어나서 죽을 때까지의 동안.

2단계 위에서 배운 낱말을 빈칸에 넣어 문장을 완성하세요.

(1) 이 책에는 독립운동가 유관순의 ⬚⬚ 이 담겨 있다.

(2) 주장을 할 때는 알맞은 ⬚⬚ 를 제시해야 한다.

(3) 우리 반은 박물관으로 ⬚⬚ 을 가기로 했다.

3단계 설명을 읽고, 빈칸에 알맞은 낱말을 넣어 문장을 완성하세요.

> **왠지:** 왜 그런지 모르게. '왜인지'의 줄임 말.
>
> **웬일:** 어찌 된 일, 무슨 까닭.

(1) 아침 일찍 일어나니 ⬚⬚ 기분이 좋았다.

(2) 네가 ⬚⬚ 로 이렇게 일찍 일어났니?

된장은 콩을 **발효**하여 만든 우리나라 전통 양념입니다. 찌개, 국, 무침, 구이 등 다양한 요리에 활용됩니다. 먹을거리가 흔하지 않던 옛날에는, **단백질**이 풍부한 된장으로 음식을 만들어 영양을 보충했습니다. 이런 된장은 어떻게 만들까요?

된장을 **담그려면**, 먼저 메주를 만들어야 합니다. 메주콩을 씻어서 물에 푹 불립니다. 불린 콩은 솥에 넣어 삶은 다음, **절구**에 넣고 찧습니다. 그 콩을 둥글거나 네모난 모양으로 빚어 메주를 만듭니다.

잘 만든 메주를 **볏짚** 위에 올려 말립니다. 이때 볏짚을 사용하는 이유는, 볏짚에 있는 균이 콩의 단백질을 먹고 메주를 발효시키기 때문입니다. 메주 표면이 마르면서 하얀 곰팡이가 피는데, 이것이 우리 몸에 좋은 **발효균**입니다. 이렇게 메주를 발효하는 과정을 '메주 **띄우기**'라고 합니다.

메주가 잘 **뜨면** 볏짚으로 묶어 바람이 잘 통하는 곳에 매달아 놓습니다. 서너 달 동안 매달아 놓으면 메주 표면에 붙어 있는 발효균이 메주 속까지 들어갑니다. 그러면서 된장의 맛이 좋아지고, 우리 몸에 이로운 영양분이 만들어집니다.

↑ 메주

메주가 준비되면 이제 된장을 담급니다.

우선, 메주를 깨끗이 씻어서 잘 말립니다. 그런 다음, 항아리에 메주를 넣고 소금물을 붓습니다. 여기에 **숯**과 붉은 고추를 넣습니다. 숯은 냄새를 제거하고, 고추는 **잡균**을 없애는 효과가 있습니다.

발효가 잘되도록 항아리를 볕이 잘 드는 곳에 둡니다. 낮에는 뚜껑을 열고, 밤에는 닫습니다.

40~60일 지나면 항아리에서 메주를 건져 냅니다. 이때 메주가 담겼던 소금물은 간장이 됩니다.

건져 낸 메주를 **으깨어** 항아리에 눌러 담고 소금을 덮습니다. 그런 다음 햇볕이 잘 드는 곳에서 **숙성**하면 맛있는 된장이 됩니다.

발효 곰팡이나 효모 같은 미생물이 음식 재료를 분해하여 영양분을 생기게 하는 작용. 醱 발효할 발 酵 삭힐 효
단백질 동물의 살과 힘줄 따위를 만드는 영양소. 고기나 콩 등에 많이 들어 있다. 蛋 새알 단 白 흰 백 質 바탕 질
담그려면 장, 김치, 젓갈 등을 만들려면.　　**절구** 곡식을 빻거나 떡을 치는 데에 쓰는 도구.　　**볏짚** 곡식의 알

맹이를 떨어낸 벼 줄기.   **발효균** 발효 작용을 일으키는 미생물. 酸 발효할 발 酵 삭힐 효 菌 세균 균   **띄우기** 메주를 발효시키기.   **뜨면** 메주가 발효하면.   **숯** 나무를 태워 연기를 다 뽑아내고 남은 검은 덩어리.   **잡균** 여러 가지 세균. 雜 모두 잡 菌 세균 균   **으깨어** 덩이로 된 물건을 눌러 잘게 부스러지게 하여.   **숙성** 충분히 발효되는 것. 熟 익을 숙 成 이룰 성

1

주제

무엇에 대해 쓴 글인가요?

① 발효하는 방법.

② 된장을 만드는 방법.

③ 메주를 띄우는 방법.

④ 고추장을 만드는 방법.

⑤ 콩으로 만들 수 있는 음식.

2

내용
파악

이 글의 내용과 다른 것을 고르세요.

① 된장을 담그려면 메주가 있어야 한다.

② 볏짚 위에 올려 메주를 말린다.

③ 메주가 마르면서 생기는 곰팡이는 몸에 해롭다.

④ 메주를 발효하는 과정을 '메주 띄우기'라고 한다.

⑤ 40~60일 동안 메주가 담겼던 소금물은 간장이 된다.

3

배경
지식

우리 몸에 이로운 곰팡이나 균을 이용해 만든 식품을 '발효 식품'이라고 합니다. 다음 중 '발효 식품'이 아닌 것을 고르세요.

① 간장

② 된장

③ 김치

④ 요구르트

⑤ 생과일주스

4 메주를 말릴 때 볏짚을 사용하는 이유는 무엇인가요?

내용
파악

① 볏짚이 벌레를 없애 주어서.

② 볏짚이 먼지를 제거해 주어서.

③ 볏짚이 물기를 잘 흡수하기 때문에.

④ 볏짚에 있는 균이 메주를 발효시키기 때문에.

⑤ 볏집 냄새를 메주에 스며들게 하려고.

5 메주로 된장 만드는 과정을 순서대로 나열하세요.

내용
파악

① 볏짚 위에 메주를 올려서 말린다.

② 항아리에 메주를 넣고 소금물을 붓는다.

③ 메주콩을 삶아서 찧은 뒤에 둥글거나 네모나게 만든다.

④ 바람이 잘 통하는 곳에 메주를 매달아 놓는다.

⑤ 소금물에서 건져 낸 메주를 으깨어 항아리에 담고 소금을 덮는다.

$$\boxed{} \rightarrow \boxed{①} \rightarrow \boxed{} \rightarrow \boxed{} \rightarrow \boxed{}$$

6 다음 중 이 글의 내용을 가장 쉽게 이해할 수 있는 사람은 누구인가요?

추론

① 윤서: 나는 김치를 담그는 방법을 알고 있어.

② 재현: 할머니께서 만드신 메주를 본 적이 있어.

③ 소라: 어머니께서 된장찌개를 자주 만들어 주셔.

④ 준영: 어머니를 도와 고추장을 담가 본 적이 있어.

⑤ 보미: 텔레비전에서 된장 담그는 과정을 본 적이 있어.

1단계　다음 낱말의 뜻을 찾아 줄로 이으세요.

(1) 발효 ●

(2) 단백질 ●

(3) 으깨어 ●

● ㉠ 덩이로 된 물건을 눌러 잘게 부스러지게 하여.

● ㉡ 동물의 살과 힘줄 따위를 만드는 영양소.

● ㉢ 곰팡이나 효모 같은 미생물이 음식 재료를 분해해 영양분을 생기게 하는 작용.

2단계　위에서 배운 낱말을 빈칸에 넣어 문장을 완성하세요.

(1) 콩, 고기, 달걀, 생선 등에는 [　　　　　　　] 이 많이 들어 있다.

(2) 김치는 [　　　　　　　] 되면서 맛이 좋아지고 영양분이 풍부해진다.

(3) 어머니께서 삶은 달걀을 [　　　　　　　] 요리를 만들어 주셨다.

3단계　아래 설명을 읽고, 알맞은 낱말을 넣어 문장을 완성하세요.

> **담다**: 무엇을 어떤 것 속에 넣다. '담아, 담으니' 등으로 쓰인다.
>
> **담그다**: 장, 김치, 젓갈 등을 만들다. '담가, 담그니' 등으로 쓰인다.

(1) 유진이는 바구니에 사과를 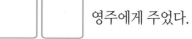 영주에게 주었다.

(2) 어머니께서는 김치를 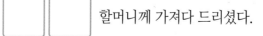 할머니께 가져다 드리셨다.

현장 체험 학습 보고서

날짜	5월 9일 월요일
장소	○○ 우유 공장
목적	우유가 어떻게 만들어지는지 배우기 위해서
교통편	△△△번 버스
인원	3학년 학생 전체
내용	1. 우유 공장에서 하는 일 ① 정해진 과정을 통해 우유를 생산한다. ② 다양한 **유제품**을 만든다. ③ 신제품을 개발한다. 2. 생산하는 제품의 종류 ① 우유 ② 유제품: 요구르트, 치즈, 버터, **분유** 등 3. 우유를 만드는 과정 ① **목장**에서 **원유**를 가져와 공장의 **탱크**에 저장한다. ② 원유 속 **불순물**을 걸러낸다. ③ **가열**하여 우유 속 **미생물**을 없앤다. ④ 영양소와 맛을 **보존**하기 위해 우유를 **냉각**한다. ⑤ 우유를 종이팩이나 병 등에 담아 포장한다. ⑥ 포장된 우유를 마지막으로 검사하고 판매점으로 보낸다.

느낀 점	① 우유를 만들기 위해 많은 시간과 노력이 필요하다는 사실이 놀라웠다. ② 유제품의 종류가 무척 다양하다는 것을 알 수 있었다. ③ 우리가 믿고 마시도록 깨끗한 우유를 열심히 만드시는 공장 직원 분들께 감사한 마음이 들었다.

유제품 우유를 가공하여 만든 식품을 통틀어 이르는 말. 乳 젖 유 製 만들 제 品 물건 품   **분유** 우유 속의 물기를 증발시키고 바짝 졸여 가루로 만든 것. 粉 가루 분 乳 젖 유   **목장** 일정한 시설을 갖추어 소나 말, 양 등을 기르는 곳. 牧 기를 목 場 장소 장   **원유** 소에서 짜낸 그대로의 우유. 原 원래 원 乳 젖 유   **탱크** 물, 가스, 기름 등을 넣어 두는 큰 통. tank   **불순물** 순수한 물질에 섞여 있는 순수하지 않은 물질. 不 아닐 불 純 순수할 순 物 물건 물   **가열** 열을 가하여 뜨겁게 함. 加 더할 가 熱 더울 열   **미생물** 눈으로는 볼 수 없는 아주 작은 생물. 微 작을 미 生 살 생 物 물건 물   **보존** 잘 보호하고 보관하여 남김. 保 지킬 보 存 있을 존   **냉각** 식혀서 차게 함. 冷 찰 냉 却 물리칠 각

---

1 이 글에 <u>없는</u> 내용을 고르세요.

내용
파악

① 장소   ② 인원   ③ 내용

④ 느낀 점   ⑤ 준비물

2 이 글의 내용으로 <u>틀린</u> 것을 고르세요.

내용
파악

① 5월 9일 월요일에 우유 공장으로 체험 학습을 다녀왔다.

② 우유가 만들어지는 과정을 배우고 왔다.

③ 버스와 지하철을 타고 우유 공장에 갔다.

④ 참여 인원은 3학년 학생 전체이다.

⑤ 우유를 만들기 위해 많은 시간과 노력이 필요하다는 사실을 알았다.

3 앞 글의 우유 공장에서 하는 일에 모두 ○표 하세요.

내용
파악

① 신제품을 개발한다. ( )

② 소에게서 직접 우유를 짜낸 뒤 탱크에 저장한다. ( )

③ 우유를 이용하여 다양한 유제품을 만든다. ( )

④ 신선한 우유를 소비자들에게 직접 판매한다. ( )

4 다음 중 유제품이 <u>아닌</u> 것을 고르세요.

내용
파악

① 요구르트 ② 마요네즈 ③ 치즈

④ 버터 ⑤ 분유

5 우유의 생산 과정 순서에 맞게 번호를 쓰세요.

내용
파악

① 우유를 가열한다.

② 마지막으로 검사한 뒤 판매점으로 보낸다.

③ 우유를 포장한다.

④ 공장 탱크에 저장된 원유 속 불순물을 걸러낸다.

⑤ 우유를 냉각한다.

☐ → ☐ → ☐ → ☐ → ☐

6 뜻풀이를 읽고 서로 반대 뜻을 가진 낱말을 찾아 쓰세요.

어휘

(1) ☐☐ : 열을 가하여 뜨겁게 함. ⟷ (2) ☐☐ : 식혀서 차게 함.

1단계   다음 낱말들의 뜻을 바르게 이으세요.

(1) 목장 •

(2) 탱크 •

(3) 보존 •

• ㉠ 일정한 시설을 갖추어 소나 말, 양 등을 기르는 곳.

• ㉡ 물, 가스, 기름 등을 넣어 두는 큰 통.

• ㉢ 잘 보호하고 보관하여 남김.

2단계   다음 빈칸에 알맞은 낱말을 위에서 찾아 쓰세요.

(1) 우리 문화유산을 잘 ☐ ☐ 해야 한다.

(2) 주유소의 ☐ ☐ 에는 기름이 가득 차 있다.

(3) ☐ ☐ 에서 소들이 한가롭게 풀을 뜯고 있다.

3단계   다음 설명을 읽고 빈칸에 알맞은 말을 넣어 문장을 완성하세요.

> 분유: 우유 속의 물기를 증발시키고 바짝 졸여 가루로 만든 것.
>
> 원유: 소에게서 짜낸 그대로의 우유.

(1) 어머니는 따뜻한 물에 ☐ ☐ 를 타서 아기에게 먹이셨다.

(2) 우유 공장에서는 ☐ ☐ 속 불순물과 미생물을 없앤 뒤 냉각한다.

빗길

성명진

친구의 우산을 함께 쓰고 왔다.

㉠ 미안해서
내가 비를 더 맞으려고
어깨를 우산 밖으로 내놓으면
㉡ 친구가 우산을 내 쪽으로
더 기울여 주었다.

빗속을
우리는 **나란히** 걸었다.

㉢ 좁은 길에선 일부러
내가 빗물 **고인** 자리를 **디뎠다.**
그걸 알았는지 친구는 나를
제 쪽으로 **가만히** 당겨 주는 것이었다.

빗길 비가 내리는 길. 또는 빗물에 덮인 길.   **빗속** 비가 내리는 가운데.   **나란히** 여럿이 일정한 거리를 두고 가지런히 늘어선 상태로.   **고인** 액체나 가스, 냄새 등이 우묵한 곳에 모인.   **디뎠다** 발을 올려놓고 서거나 발로 내리눌렀다.   **가만히** 움직임이 거의 드러나지 않을 만큼 조용하고 차분하게.

1

적용

말하는 이와 가장 비슷한 일을 겪은 사람은 누구인가요?

① 민호: 빗소리를 들으며 집에서 책을 읽었어.

② 성은: 어제 친구네 집에서 놀다가 늦게 오는 바람에 어머니께 혼났어.

③ 준성: 길에 떨어져 있던 지갑을 주워서 경찰서에 가져다주었어.

④ 유민: 물감을 안 가져왔는데 민주가 같이 쓰자고 해서 그림을 그릴 수 있었어.

⑤ 우영: 복도에서 친구와 부딪혀서 다투었어.

2

추론

말하는 이는 ㉠에서 왜 미안하다고 했을까요?

① 말하는 이가 비를 좋아해서.

② 말하는 이가 친구의 우산을 뺏어 써서.

③ 말하는 이가 우산을 자기 쪽으로 기울여서.

④ 말하는 이 때문에 친구의 우산이 고장 나서.

⑤ 말하는 이 때문에 친구가 우산을 제대로 쓰지 못해 비를 맞아서.

3

추론

친구는 왜 ㉡의 행동을 했을까요?

① 말하는 이가 우산을 잡아당겨서.

② 말하는 이가 비를 맞지 않게 하려고.

③ 자신이 우산에서 흐르는 물을 맞지 않으려고.

④ 자신의 집에 도착해서.

⑤ 우산이 너무 무거워서.

4

주제

이 시의 내용과 가장 어울리는 낱말을 고르세요.

① 이기심   ② 질투   ③ 배려

④ 경쟁   ⑤ 용기

5 말하는 이는 왜 ⓒ의 행동을 했을까요?

추론

① 친구가 빗물을 밟지 않게 하려고.

② 친구가 빗물을 밟으면 자신에게 튀기므로.

③ 말하는 이가 물장난을 좋아해서.

④ 말하는 이가 발을 시원하게 적시고 싶어서.

⑤ 말하는 이가 빗물을 밟아서 친구에게 튀기려고.

6 이 시와 가장 거리가 <u>먼</u> 감상을 말한 사람을 고르세요.

감상

① 태현: 말하는 이와 친구는 우정이 참 깊은 것 같아.

② 승윤: 나는 비 오는 날이 싫어. 옷이나 신발이 젖으면 찝찝해.

③ 진서: 우산을 가져오지 않은 친구가 있으면 내 우산을 같이 쓰자고 할래.

④ 수연: 어려운 일이 생겼을 때에 내 곁에서 나를 도와주는 사람이 진정한 친구 같아.

⑤ 성은: 나도 친구들에게 어려운 일이 생기면 꼭 도와줄 거야.

7 다음 설명을 읽고, '비(대기 중의 수증기가 높은 곳에서 찬 공기를 만나 식어서 덩어리를 이루어 떨어지는 물방울)'와 <u>관계없는</u> 낱말을 찾으세요.

어휘

> 비 + 길 → 빗길
>
> 두 낱말이 어울려 한 낱말을 이룰 때 그 사이에 'ㅅ'이 붙기도 한다.

① 빗속   ② 빗물   ③ 빗방울

④ 빗자루   ⑤ 빗발

1단계 다음 낱말의 뜻을 찾아 바르게 이으세요.

(1) 기울여 ●

(2) 가만히 ●

(3) 일부러 ●

● ㉠ 어떤 목적이나 생각을 가지고.

● ㉡ 비스듬하게 한쪽을 낮추거나 비뚤게 하여.

● ㉢ 움직임이 거의 드러나지 않을 만큼 조용하고 차분하게.

2단계 다음 문장의 빈칸에 알맞은 낱말을 위에서 찾아 쓰세요.

(1) 은우는 살며시 내게 다가와 ☐☐☐ 편지를 건넸다.

(2) 다 아는 문제였지만 승희는 ☐☐☐ 모른다고 거짓말했다.

(3) 정호는 잔을 ☐☐☐ 화분에 물을 주었다.

3단계 다음 설명을 읽고 빈칸에 알맞은 낱말을 골라 쓰세요.

雨 비 우	우산: 펴고 접을 수 있어 비가 올 때에 손에 들고 머리를 가리는 물건.
	우의: 비가 올 때에 비에 젖지 않도록 덧입는 옷.

비가 세차게 쏟아지는 날에는 (1) ☐☐ 을 써도 옷이 젖는다. 그럴 때에는 (2) ☐☐ 를 입는 것이 좋다.

옛날에 **황희**라는 젊은 **관리**가 살았습니다.

어느 날, 황희가 한 마을을 지나고 있었습니다. 논과 밭에서는 사람들이 부지런히 농사일을 하고 있었습니다.

어떤 노인은 소 두 마리에 **멍에**를 씌워 밭을 갈고 있습니다. 소 한 마리는 털이 누렇고, 다른 한 마리는 검었습니다. 노인이 일을 마치고 나무에 기대어 앉자, 황희는 궁금해서 노인에게 다가가 물었습니다.

"안녕하세요? **어르신**, 검정소와 누렁소 가운데 어떤 녀석이 일을 더 잘합니까?"

그러자 노인은 황희에게 가까이 다가와 귀에 대고 아주 작은 목소리로 대답했습니다.

"누렁소가 더 잘합니다."

황희는 노인의 행동이 무척 이상하다고 생각했습니다.

"아니, 별것도 아닌데 왜 이리 소곤소곤 말씀하십니까?"

"소 두 마리가 함께 일하고 있는데, 어느 한 녀석이 더 잘한다고 하면 다른 한 녀석은 기분이 나쁘지 않겠습니까? 비록 짐승이지만 같이 있는 자리에서 그리 말하면 안 되지요."

황희는 노인의 말을 듣고 크게 깨달았습니다.

"아! 맞습니다. 감사합니다. 어르신께서 저에게 ㉠ <u>큰 가르침</u>을 주셨습니다."

황희는 노인에게 감사 인사를 하고 길을 떠났습니다. 그리고 이 일을 가슴에 새겨 평생 **겸손**하게 지냈습니다. 또 훌륭한 **인품**을 지니게 되었습니다.

– 설화, 〈검정소와 누렁소〉

황희 고려 시대 말부터 조선 시대 세종 때까지 나랏일을 한 관리.　**관리** 벼슬에 올라 나랏일을 하는 사람. 官 벼슬 관 吏 관리 리　**멍에** 수레나 쟁기(논밭을 가는 농기구)를 끌기 위해 말이나 소의 목에 얹는 막대.　**어르신** 나이가 많은 어른을 높여 이르는 말.　**겸손** 남을 존중하고 자기를 낮추는 태도. 謙 겸손할 겸 遜 겸손할 손　**인품** 사람의 품격. 人 사람 인 品 품격 품　**설화** 어느 민족에 예로부터 전해 내려오는 이야기. 設 말씀 설 話 이야기 화

1

주제

이 글의 주제입니다. ㉠은 무엇인가요?

① 남을 함부로 비교하지 말자.

② 동물을 사랑하자.

③ 대답을 잘하자.

④ 부지런히 일하자.

⑤ 약속을 잘 지키자.

2

추론

다음 중 노인의 성격을 가장 잘 나타낸 표현을 찾으세요.

① 성격이 급하다.   ② 말이 적고 침착하다.

③ 배려심이 많다.   ④ 모든 일에 최선을 다한다.

⑤ 작은 일에도 크게 꾸짖는다.

3

내용
파악

노인의 소 가운데 일을 더 잘하는 것은 어떤 소인가요?

4

내용
파악

노인은 왜 황희에게 다가가 작게 대답했나요?

① 누렁소가 대답을 듣고 우쭐거릴까 봐.

② 누렁소가 대답을 듣고 검정소를 무시할까 봐.

③ 검정소가 대답을 듣고 게으름을 피울까 봐.

④ 검정소가 대답을 듣고 기분이 상할까 봐.

⑤ 누렁소와 검정소가 대답을 듣고 싸울까 봐.

5 다음 중 앞 글의 내용과 다른 것을 찾으세요.

내용
파악

① 노인은 소 두 마리를 데리고 밭을 갈았다.

② 황희가 노인에게 어떤 소가 일을 더 잘하는지 물어보았다.

③ 노인은 황희의 귀에 작은 목소리로 대답했다.

④ 황희는 노인의 행동을 이상하게 생각했다.

⑤ 노인은 황희에게 인사를 하고 길을 떠났다.

6 다음 중 이 글을 가장 잘못 읽은 사람은 누구인가요?

감상

① 진희: 예전에는 기계가 없어서 소들이 힘들게 일한 것 같아. 소들이 불쌍해.

② 혁준: 나도 남을 비교하거나 남의 단점을 함부로 말하지 않는 사람이 되어야겠어.

③ 우현: 농사를 지으면 노인처럼 현명해지는 것 같아. 나도 농사를 지어야지.

④ 시후: 소들의 기분까지 걱정하다니. 노인의 인성이 매우 뛰어난 것 같아.

⑤ 선영: 누구에게든 배울 점이 있어. 황희 같은 사람도 노인에게 가르침을 받았잖아.

7 앞 글의 내용을 정리하였습니다. 순서에 맞게 빈칸에 번호를 쓰세요.

줄거리

① 황희는 어떤 소가 일을 더 잘하는지 노인에게 물어보았다.

② 황희는 작게 대답하는 까닭을 노인에게 물어보았다.

③ 황희가 마을을 지나다가 노인을 보았다.

④ 노인은 황희에게 다가가 누렁소가 일을 더 잘한다고 작게 대답하였다.

⑤ 황희는 크게 깨닫고 노인에게 감사 인사를 했다.

1단계   다음 낱말의 뜻을 찾아 선으로 이으세요.

(1) 쟁기 ●

(2) 멍에 ●

● ㉠ 농기구를 끌기 위해 말이나 소의 목에 얹는 막대.

● ㉡ 논밭을 가는 농기구.

2단계   다음 그림에서 위에서 배운 낱말을 찾아 쓰세요.

(1) _____

(2) _____

3단계   다음 설명을 읽고 빈칸에 알맞은 낱말을 쓰세요.

> **논**: 물을 담아 두어 주로 벼를 심어 가꾸는 땅.
>
> **밭**: 물을 담지 않고, 야채나 곡류를 심어 농사를 짓는 땅.

(1) 삼촌은 쌀농사를 지으려고 [   ] 을 사셨다.

(2) 할머니는 [   ] 에 고추와 가지를 심으셨다.

제1회 독서 퀴즈 대회

울긋불긋 단풍이 **한창**인 가을입니다. **오곡이 무르익어** 마음이 넉넉해지는 가을처럼, 책을 읽어 여러분의 마음도 **풍요로워지기**를 바랍니다.

하늘 초등학교는 제1회 독서 퀴즈 대회를 **개최**합니다. 대회 중에는 학생들의 장기 자랑과 축하 공연 등 다양한 프로그램이 진행될 예정입니다. 많은 학생이 참여하여 퀴즈도 풀고 즐거운 추억도 쌓기를 바랍니다.

1. 대회 일시: 11월 15일 (금) 오후 3시

2. 대회 장소: 학교 강당

3. 3학년 퀴즈 도서 **목록**

분야	도서명	출제자
문학	〈플랜더스의 개〉	
과학	〈알쏭달쏭 과학 이야기〉	3학년 선생님
역사	〈타임머신 타고 **구석기 시대로**〉	
예술	〈엄마와 떠나는 재미있는 그림 여행〉	

4. 신청 기간: 11월 1일 ~ 11월 12일

5. 신청 방법: 각 학급 담임 선생님께 **개인별** 직접 신청

6. **시상** 계획: 최우수상(1명): 상품권 5매

　　　　　　우수상(1명): 상품권 3매

　　　　　　장려상(2명): 상품권 2매

　　　　　　참가한 학생 모두에게는 **기념품**을 드립니다.

7. 문의 사항: 각 학급 담임 선생님

울긋불긋 여러 빛깔이 뒤섞여 있는 모양.　**한창** 어떤 일이 가장 기운차게 일어나는 때.　**오곡** 온갖 곡식을 통틀어 이르는 말. 五 다섯 오 穀 곡식 곡　**무르익어** 과일이나 곡식 따위가 충분히 익어.　**풍요로워지기** 많아서 넉넉해지기. 豊 풍년 풍 饒 넉넉할 요　**개최** 모임이나 회의 따위를 엶. 開 열 개 催 일어날 최　**목록** 어떤 물품의 이름이나 책 제목 등을 일정한 순서로 적은 것. 目 제목 목 錄 기록할 록　**분야** 여러 갈래로 나누어진 범위나 부분. 分 나눌 분 野 들 야　**구석기 시대** 돌을 깨뜨려서 도구를 만들어 쓰던, 가장 오래전의 석기(돌로 만든 도구) 시대. 舊 옛 구 石 돌 석 器 도구 기 時 때 시 代 시대 대　**개인별** 한 명씩 따로. 個 하나 개 人 사람 인 別 나눌 별　**시상** 상장이나 상품, 상금 따위를 줌. 施 베풀 시 賞 상 상　**기념품** 기념으로 주거나 사는 물품. 紀 적을 기 念 생각 념 品 물건 품

1

중심
생각

이 글을 쓴 까닭은 무엇인가요?

① 책을 소개하려고.

② 독서의 중요성을 강조하려고.

③ 독서 퀴즈 대회를 알리려고.

④ 가을이 왔다는 소식을 전하려고.

⑤ 책을 읽자고 주장하려고.

2

내용
파악

이 글의 내용과 <u>다른</u> 것을 고르세요.

① 대회 신청 기간은 12일이다.

② 퀴즈 대회는 운동장에서 진행한다.

③ 여러 분야의 책에서 퀴즈를 낸다.

④ 독서 퀴즈를 내는 사람은 3학년 선생님이다.

⑤ 장기 자랑, 축하 공연 등의 프로그램도 진행된다.

3

내용
파악

독서 퀴즈 대회에서 선정한 도서의 분야가 <u>아닌</u> 것을 고르세요.

① 예술　　　　② 문학　　　　③ 역사

④ 인물　　　　⑤ 과학

4 상을 받게 될 학생은 모두 몇 명인가요?

<추론>

☐ 명

5 이 글에서 알 수 <u>없는</u> 내용은 무엇인가요?

<내용 파악>

① 글을 쓴 까닭.

② 대회 신청 방법.

③ 대회 참가 인원.

④ 대회 일시와 장소.

⑤ 독서 퀴즈 출제자.

6 다음 내용이 들어갈 수 있는 곳은 어디인가요?

<구조>

> 학교 누리집을 통해서는 신청할 수 없습니다.

① 3학년 퀴즈 도서 목록   ② 신청 기간

③ 신청 방법   ④ 시상 계획

⑤ 문의 사항

7 이 글을 읽고 친구들이 대화를 나누었습니다. 내용을 <u>잘못</u> 알고 있는 사람을 고르세요.

<적용>

① 세현: 상을 타려면 책을 꼼꼼히 읽어야 할 것 같아.

② 수지: 대회가 오후 3시에 시작하니, 그 전에 강당에 모여야 해.

③ 중기: 4등 안에 들지 못해도 기념품은 받을 수 있어.

④ 서정: 대회에 참가하면 적어도 책 네 권은 열심히 읽어야겠네.

⑤ 어진: 우리 다섯 명을 대표해서 내가 선생님께 우리도 참가한다고 말씀드릴게.

1단계　다음 낱말의 뜻을 찾아 줄로 이으세요.

(1) 목록　●

(2) 시상　●

(3) 한창　●

●　㉠ 어떤 일이 가장 기운차게 일어나는 때.

●　㉡ 상장이나 상품, 상금 따위를 줌.

●　㉢ 어떤 물품의 이름이나 책 제목 등을 일정한 순서로 적은 것.

2단계　위에서 배운 낱말을 빈칸에 넣어 문장을 완성하세요.

(1) 요즘 우리 동네에는 개나리가 [　][　] 이다.

(2) 세영이는 이번 달에 읽을 책의 [　][　] 을 적어 보았다.

(3) 합창 대회의 [　][　] 이 끝나고 나서 우리는 함께 사진을 찍었다.

3단계　다음 설명을 읽고 빈칸에 알맞은 말을 넣어 문장을 완성하세요.

> 도서: 책.
>
> 독서: 책을 읽음.

(1) [　][　] 를 하면 지식이 늘어난다.

(2) 아버지는 [　][　] 30권을 도서관에 기증하셨다.

***기증** 선물이나 기념으로 남에게 물건을 줌.

지구에는 하늘을 날아다니는 동물이 많습니다. 대표적인 것이 새와 곤충입니다. 하지만 날지 못하는 새나 곤충도 있습니다. 펭귄과 타조는 날개가 있는 새지만 날지 못합니다. 일개미와 벼룩은 곤충이지만 날개가 없어 날 수 없습니다. 그런데 이와는 반대로, 새나 곤충이 아닌데도 하늘을 나는 동물이 있습니다.

박쥐는 새나 곤충이 아닌 동물 가운데 가장 잘 납니다. 날개처럼 보이는 것은 비막입니다. 비막이란 동물의 앞다리, 몸통, 뒷다리까지 피부로 이어진 **막**으로, 하늘을 날 때 씁니다. 박쥐는 앞발의 두 번째 발가락부터 다섯 번째 발가락까지는 길게 발달하였습니다. 둘째 발가락부터 셋째, 넷째, 다섯째 발가락을 지나 뒷다리까지 이어진 얇은 막이 박쥐의 날개 역할을 합니다. 뒷다리와 꼬리 사이에도 막이 있어 방향을 잘 바꿀 수 있습니다. 박쥐는 주로 밤에 활동합니다. 어두운 동굴이나 어둠이 내린 숲에서도 무척 잘 납니다. 입과 코로 **초음파**를 내어 돌아오는 소리를 큰 귀로 듣고 **장애물**을 피해 날거나 먹이를 찾습니다.

하늘다람쥐에게도 비막이 있습니다. 하지만 비막을 움직여 날지는 못합니다. 앞다리에서 뒷다리까지 이어진 피부를 넓게 펼쳐서 **글라이더**처럼 바람을 타고 납니다. 그래서 하늘다람쥐가 날기 위해서는 높은 곳으로 올라가야 합니다. 나무의 윗부분까지 기어 올라가 이동할 방향을 정하고는 뛰어내립니다. 그런 다음 비막을 펼치면 바람을 타고 가고 싶은 방향으로 날아갈 수 있습니다. 보통은 가까운 나뭇가지까지 이동하지만, 바람을 잘 타면 멀게는 50m 넘게도 날아갈 수 있습니다. 하지만 주로 밤에 활동하기 때문에 하늘다람쥐의 비행을 발견하기는 쉽지 않습니다.

뭍뿐 아니라, 바다에도 날 수 있는 동물이 있습니다. 날치는 날개처럼 생긴 가슴지느러미를 옆으로 펼쳐 물 위를 납니다. 물속에서 **포식자**를 만나면, **수면** 근처에서 빠르게 헤엄치다가 물 밖으로 뛰어오릅니다. 그런 다음 양쪽의 가슴지느러미와 배지느러미를 활짝 펼쳐 바다 위를 납니다. 보통은 수면 가까이에서 날지만 높게는 2~3m까지 뛰어올라 이동하기도 합니다. 또 멀게는 30~40초 동안 300m까지 납니다.

이외에도 공중으로 이동하는 동물이 있습니다. 날도마뱀도 비막을 이용해 하늘을 날 수 있습니다. 파라다이스 나무뱀은 나무 위에서 몸을 웅크렸다가 다른 나뭇가지로 멀리 뛰어 이동합니다.

막 물건의 표면을 덮고 있는 얇은 물질. 膜 꺼풀 막   **초음파** 사람의 귀에 소리로 들리지 않는 소리의 진동. 超 뛰어넘을 초 音 소리 음 波 진동 파   **장애물** 무엇이 이루어지거나 진행되는 데에 방해가 되는 물건. 障 막을 장 礙 거리낄 애 物 물건 물   **글라이더** 비행기처럼 날개는 있지만, 스스로 앞으로 나가는 힘을 내는 장치가 없어, 바람이나 자신의 무게를 이용해 나는 장치. glider   **뭍** 지구의 표면에서 물이 있는 곳을 뺀 나머지 부분.   **포식자** 다른 동물을 잡아먹는 동물. 捕 잡을 포 食 먹을 식 者 것 자   **수면** 물의 겉면. 水 물 수 面 겉 면

1

다음 중 이 글의 제목으로 가장 알맞은 것을 고르세요.

① 펭귄과 타조   ② 하늘을 못 나는 새들

③ 하늘을 나는 동물들   ④ 박쥐의 일생

⑤ 새와 곤충

2

내용
파악

이 글의 내용을 정리했습니다. 올바른 문장을 찾으세요.

① 날지 못하는 새는 없다.

② 박쥐의 꼬리에는 비막이 이어져 있지 않다.

③ 하늘다람쥐는 날개를 움직여 하늘을 난다.

④ 날치는 가슴지느러미를 이용해 난다.

⑤ 날도마뱀과 파라다이스 나무뱀에게도 비막이 있다.

3

내용
파악

박쥐와 하늘다람쥐의 공통점을 적었습니다. 빈칸에 알맞은 낱말을 쓰세요.

공통점	(1) ☐☐ 을 이용해 하늘을 난다.
	(2) 주로 ☐ 에 활동한다.

4

내용
파악

박쥐가 어두운 곳에서도 잘 나는 까닭은 무엇인가요? 빈칸에 알맞은 낱말을 쓰세요.

□ □ □ 를 내어 돌아오는 소리를 듣고 이동하기 때문이다.

5

적용

다음 동물의 나는 모습이 비슷한 사물을 찾아 선으로 이으세요.

(1) 박쥐 •

• ㉠

새

(2) 하늘다람쥐 •

• ㉡

글라이더

(3) 날치 •

6

배경
지식

다음 설명에 어울리는 동물을 이 글에서 찾아 쓰세요.

나뭇가지나 동굴 천장에 거꾸로 매달려 쉰다. 새끼도 거꾸로 매달린 채 낳으며, 그 상태로 젖을 먹인다. 어미는 새끼를 품에 안고 날아다니며 먹이를 찾는다.

1단계　다음 낱말의 뜻을 찾아 선으로 이으세요.

(1) 뭍　•

(2) 비막　•

(3) 수면　•

•　㉠ 물의 겉면.

•　㉡ 지구의 표면에서 물이 있는 곳을 뺀 나머지 부분.

•　㉢ 새가 아닌 동물에서, 주로 앞다리, 몸통, 뒷다리에 이어진 막.

2단계　위에서 배운 낱말을 빈칸에 넣어 문장을 완성하세요.

(1) 거북이는 바다와 [　　　　　　　] 을 오가며 산다.

(2) 잔잔한 [　　　　　　　] 을 보니 마치 호수에 달이 떠 있는 것 같았다.

(3) 박쥐가 [　　　　　　　] 을 펄럭거리며 밤하늘을 날아다녔다.

3단계　다음 뜻에 알맞은 낱말을 빈칸에 넣어 십자말풀이를 하세요.

(1) 다른 동물을 잡아먹는 동물.

(2) 물건을 싸는 데에 쓰는 종이.

(3) 물에 사는 포유류나 물고기가 몸의 균형을 유지하거나 헤엄치는 데에 쓰는 기관.

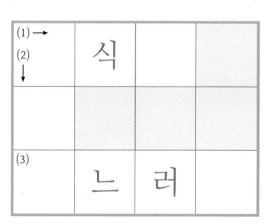

헬렌 켈러는 1880년에 미국의 부유한 가정에서 태어났습니다. 켈러는 태어난 지 19개월이 되었을 때 심한 열병에 걸렸습니다. 다행히 목숨을 잃지는 않았으나, **후유증**으로 ㉠ 앞을 못 보고 소리를 듣지 못하게 되었을 뿐만 아니라, 말도 할 수 없게 되었습니다.

켈러는 일반 교육을 받을 수 없었습니다. 그래서 켈러의 부모님은 벨 박사를 찾아가 도움을 청했습니다. 부모님은 박사의 도움으로 '퍼킨스 **맹인** 학교'를 찾아갔고, 그곳에서 가정교사 설리번을 만났습니다.

설리번 선생은 켈러가 **장애**를 이겨내고 언어를 배울 수 있도록 많은 도움을 주었습니다. 켈러의 오른손을 흐르는 물에 대고, 왼손에는 '물'이란 글자를 직접 써 주었습니다. 켈러는 이 과정을 통해 세상의 모든 것에는 이름이 있다는 사실을 깨달았습니다. 이후 켈러는 학교에 다니며 교육을 받았고, 다행히도 말을 할 수 있게 되었습니다.

켈러는 스물한 살이 되어 대학교에 입학하였습니다. 대학 생활을 하는 동안 많은 어려움이 켈러의 앞을 막아섰습니다. 하지만 포기하지 않고 극복하여 **우등생**으로 졸업하였습니다. 졸업할 무렵에는 다섯 나라의 언어를 사용할 수 있을 정도였습니다.

이후 켈러는 장애인 같은 사회적 약자들의 **인권** 문제에 관심을 가졌습니다. 가난한 아이들이 **영양실조**에 걸리는 것을 막기 위한 **자선** 단체를 만들었고, 현실에 고통받고 있는 장애인들을 치료해 줄 병원도 설립했습니다. 또 장애인을 위한 제도를 마련하기 위하여 정치인들을 설득했습니다.

켈러는 사회적 약자들의 행복을 위해 자기 삶을 바치고, 1968년에 세상을 떠났습니다. 사람들은, 고난을 **극복**하고 약자들에게 꿈과 희망을 주었던 헬렌 켈러를 '빛의 천사'라고 불렀습니다.

후유증 어떤 병이나 일을 겪고 난 뒤에도 남아있는 병적 증상이나 부작용. 後 뒤 후 遺 남길 유 症 증세 증 **맹인** '시각 장애인'을 달리 이르는 말로, 시각에 이상이 생겨 앞을 보지 못하거나 보기 어려운 사람. 盲 눈멀 맹 人 사람 인　**장애** 몸의 부분이 본래의 제 기능을 하지 못하거나 정신 능력에 문제가 있는 상태. 障 막을 장 礙 거리낄 애　**우등생** 성적이 뛰어난 학생. 優 뛰어날 우 等 등급 등 生 사람 생　**인권** 인간으로서 당연히 가지는 기본적 권리. 人 사람 인 權 권리 권　**영양실조** 영양소의 부족으로 일어나는, 몸의 이상 상태. 營 경영할 영 養 기를 양 失 잃을 실 調 고를 조　**자선** 남을 불쌍히 여겨 도와줌. 慈 사랑 자 善 착할 선　**극복** 나쁜 상황이나 고생 따위를 이겨냄. 克 이길 극 服 항복할 복

1

이 글의 종류는 무엇인가요?

① 논설문　　　　② 설명문　　　　③ 기행문

④ 전기문　　　　⑤ 기사문

2

이 글의 내용으로 올바른 것을 고르세요.

① 헬렌 켈러는 1880년에 영국에서 태어났다.

② 헬렌 켈러는 설리번 선생의 도움으로 퍼킨스 맹인 학교를 찾아갔다.

③ 헬렌 켈러는 스물한 살 때 대학교에 입학하였다.

④ 헬렌 켈러는 대학교를 졸업하였지만, 성적은 좋지 않았다.

⑤ 헬렌 켈러는 1986년에 세상을 떠났다.

3

이 글에서 헬렌 켈러가 장애를 이겨내고 언어를 배울 수 있도록 많은 도움을 준 인물은 누구인가요?

　　　　　　　　　선생

4 ㉠을 읽고 헬렌 켈러가 어릴 때 잃게 된 감각 2개에 ○표 하세요.

어휘

> '감각'이란 몸의 여러 기관을 통하여 자극을 알아차리는 것을 말한다. 우리 몸이 느낄 수 있는 다섯 감각을 '오감'이라고 한다. 오감에는 보고(시각), 듣고(청각), 냄새를 맡고(후각), 맛을 느끼고(미각), 피부에 닿는 것을 느끼는(촉각) 감각이 있다.

① 시각 (   )   ② 후각 (   )   ③ 청각 (   )

④ 미각 (   )   ⑤ 촉각 (   )

5 이 글을 읽고 독후감을 쓸 때 들어갈 내용으로 알맞지 <u>않은</u> 것을 고르세요.

감상

① 어린 나이에 열병을 앓고 후유증까지 겪은 헬렌 켈러가 불쌍하고 안타까웠다.

② 헬렌 켈러가 일반 교육을 받지 못하게 한 부모님이 너무 미웠다.

③ 헬렌 켈러에게 많은 도움을 준 설리번 선생은 정말 똑똑하고 자상한 사람이다.

④ 헬렌 켈러가 장애를 이겨 내고 대학교를 졸업하는 모습이 감동적이었다.

⑤ 사회적 약자들을 돕는 헬렌 켈러의 따뜻한 마음을 느낄 수 있었다.

6 헬렌 켈러의 삶이 우리에게 주는 교훈은 무엇인가요?

추론

① 거짓말을 하면 나중에 벌을 받는다.

② 말만 잘하면 어렵거나 불가능한 일도 쉽게 해결할 수 있다.

③ 어려움이 닥쳐도 포기하지 않으면 극복할 수 있다.

④ 무슨 일을 하든지 먼저 시작하는 게 제일 중요하다.

⑤ 아는 것이 많고 훌륭한 사람일수록 남 앞에서 자신을 내세우지 않는다.

1단계   다음 낱말들의 뜻을 바르게 이으세요.

(1) 후유증　●

(2) 자선　●

(3) 영양실조　●

●　㉠ 영양소의 부족으로 일어나는, 몸의 이상 상태.

●　㉡ 남을 불쌍히 여겨 도와줌.

●　㉢ 어떤 병이나 일을 겪고 난 뒤에도 남아있는 병적 증상이나 부작용.

2단계   다음 글의 빈칸에 알맞은 낱말을 위에서 찾아 쓰세요.

(1) 매일 한 가지 음식만 먹으면 [   ]에 걸리기 쉽다.

(2) 지난번 교통사고의 [   ]으로 팔이 잘 펴지지 않는다.

(3) 선생님은 주말마다 사회적 약자를 위한 [   ] 활동을 하신다.

3단계   다음은 '부유하다'의 여러 뜻입니다. 알맞은 것을 골라 번호를 쓰세요.

> **부유하다** ┊ ① 돈이나 값나가는 물건이 넉넉하다.
> ┊ ② 갈 곳을 정하지 아니하고 이리저리 떠돌아다니다.

(1) 그는 집이 없어서 길거리를 <u>부유했다</u>.　(　　　)

(2) 그는 이웃에게 매일 음식을 나누어 줄 정도로 <u>부유하다</u>.　(　　　)

㉠

정지용

어저께도 **홍시** 하나.
오늘에도 홍시 하나.

까마귀야. 까마귀야.
우리 **남게** 왜 앉았나.

우리 오빠 **오시걸랑**.
맛뵐라구 남겨 뒀다.

㉡ <u>후락 딱 딱</u>
훠이 훠이!

홍시 잘 익어 물렁물렁하고 붉은 감. 紅 붉을 홍 柹 감 시   **남게** 나무에.   **오시걸랑** 오시거든.   **맛뵐라구** 맛보게 해 주려고.   **훠이** 닭이나 참새 따위를 쫓을 때 외치는 소리.

1

제목

㉠에 들어갈 말로, 이 시에서 가장 중심이 되는 말은 무엇인가요?

① 홍시   ② 오늘
③ 어저께   ④ 우리 오빠
⑤ 훠이 훠이

2

추론

이 시의 계절로 가장 알맞은 것을 고르세요.

① 봄   ② 여름

③ 가을   ④ 겨울

⑤ 알 수 없음

3

내용
파악

말하는 이가 나무에 홍시를 남겨 둔 까닭은 무엇인가요?

① 오빠에게 주려고.

② 까마귀에게 주려고.

③ 그림을 그리려고.

④ 할머니께 드리려고.

⑤ 말하는 이가 나중에 먹으려고.

4

내용
파악

이 시에 대한 설명으로 틀린 것을 찾으세요.

① 4연 8행으로 이루어졌다.

② 흉내 내는 말을 사용하여 실감 나게 표현했다.

③ 모든 연에 마침표가 두 개씩 쓰였다.

④ 까마귀에게 말하듯이 썼다.

⑤ 1연에서 3연까지 매 행의 글자 수가 같다.

5

표현

말하는 이가 까마귀를 쫓으려고 낸 소리를 찾아 쓰세요.

6 ⓒ은 무엇을 흉내 내는 말인가요?

추론

① 까마귀가 홍시를 먹는 모습.

② 까마귀에게 먹이를 주는 모습.

③ 오빠가 집으로 들어오는 모습.

④ 까마귀가 나무에서 떨어지는 소리.

⑤ 까마귀를 쫓으려고 막대기로 감나무 때리는 소리.

7 까마귀를 보면서 말하는 이는 어떤 마음이 들었을까요?

추론

① 그리운 마음.　　　　　　② 좋아하는 마음.

③ 고마운 마음.　　　　　　④ 미워하는 마음.

⑤ 질투하는 마음.

8 앞의 시와 같은 내용이 되도록 빈칸을 채워 글을 완성하세요.

내용
파악

> 우리 집 마당에는 감나무가 있다. 식구들이 다 따 먹고 가지 꼭대기에 홍시가 한 개 남았다.
>
> 그런데 요즘 감나무에 (1) ☐☐☐ 가 자주 찾아온다. 오늘도 감나무 가지에 앉아 잘 익은 (2) ☐☐ 를 쪼아 먹으려고 했다.
>
> (3) ☐☐ 에게 주려고 남겨 둔 것인데 까마귀가 다 먹어버릴 것 같다. 그래서 막대기로 감나무를 치며 까마귀를 쫓아 버렸다.

어휘력 기르기

1단계   다음 낱말의 뜻을 찾아 선으로 이으세요.

(1) 홍시 •   • ㉠ 단맛이 나는 단단한 감.

(2) 단감 •   • ㉡ 껍질을 벗기고 꼬챙이에 꿰어서 말린 감.

(3) 곶감 •   • ㉢ 잘 익어 물렁물렁하고 붉은 감.

2단계   다음 문장에서 틀린 낱말에 밑줄을 긋고 바르게 고쳐 쓰세요.

(1) 어저깨 가족과 함께 주말농장에 다녀왔다.

(2) 하늘은 외 파란색일까?

3단계   낱말의 뜻풀이를 읽고, 빈칸에 알맞은 낱말을 넣어 문장을 완성하세요.

> **안다**: 무엇을 두 팔로 끌어당겨 가슴에 품다.
>
> **앉다**: 윗몸을 세우고 엉덩이를 바닥이나 의자 등에 올려놓다.

(1) 이모는 아기를 [ ][고] 자장가를 부르셨다.

(2) 나는 지원이 옆자리에 [ ][고] 싶었다.

아주 먼 옛날, 바닷속 **용왕**이 병에 걸려 자리에 눕게 되었습니다. 그러나 아무도 용왕의 병을 고치지 못하였습니다. 그러던 어느 날, 도사가 찾아와 말했습니다.

"토끼의 **간**을 드시면 나으실 수 있습니다. 하지만 그것을 구하기가 쉽지 않습니다."

용왕은 신하들에게 누가 토끼의 간을 구해 오겠냐고 물었습니다. 신하들은 아무 말도 없이 서로 눈치만 살폈습니다. 그때 자라가 나서서 자신이 다녀오겠다고 말했습니다.

땅 위로 올라온 자라는 두리번거리며 토끼를 찾았습니다. 바로 그때, 토끼가 자라 앞을 깡충깡충 뛰어갔습니다. 자라는 토끼를 불렀습니다.

"토끼님, 땅 위는 아름답지만, 살기가 힘든 것 같아요. 토끼님께서 저희 **용궁**에 오시면 높은 **벼슬**도 얻고 편하게 사실 수 있는데, 저와 함께 용궁에 가 보시겠어요?"

토끼는 자라의 말에 귀가 **솔깃해졌습니다.** 자라는 토끼를 등에 태우고 서둘러 용궁으로 향했습니다. 토끼는 신비한 바닷속을 구경하며 가는 내내 가슴이 설레었습니다.

그런데 용궁에 도착하자마자 **험상궂게** 생긴 물고기들이 몰려와 토끼를 붙잡고 용왕 앞으로 끌고 갔습니다. 그제야 토끼는 자라의 **꾐**에 빠진 것을 알았습니다.

"내 병을 고치려면 토끼의 간이 좋다고 하니, 네 목숨을 바쳐야겠다!"

용왕의 말에 토끼는 가슴이 철렁 내려앉았습니다. 하지만 토끼는 정신을 가다듬고 **침착하게** 말했습니다.

"제 간이 용왕님의 **병환**을 낫게 한다니 다행입니다. 그런데 저는 가끔 간을 빼서 바위틈에 넣어 둔답니다. 용왕님께 드리고 싶지만, 지금은 제 몸속에 없으니 어쩌지요?"

토끼의 말에 신하들은 깜짝 놀랐습니다.

"그럼 다시 육지에 나가 네 간을 가져오겠느냐?"

"그럼요, 용왕님의 병을 낫게 한다면 그보다 더 기쁜 일이 어디 있겠어요?"

토끼는 **능청스럽게** 거짓말을 하고는 자라의 등을 타고 다시 육지로 올라갔습니다. 육지에 도착한 토끼는 얼른 땅 위로 올라서서 자라를 향해 말했습니다.

㉠ "어리석은 자라야, 세상에 간을 빼놓고 다니는 짐승이 어디 있니?"

토끼는 깔깔 웃으며 숲속으로 달아났습니다.

– 옛이야기, 〈토끼와 자라〉

용왕 바다에 살며 비와 물을 다스린다는 용 임금. 龍 용 용 王 임금 왕　　**간** 배의 오른쪽에 있는 몸속 기관. 몸속 독성 물질의 작용을 없앤다. 肝 간 간　　**용궁** 전설에서, 바닷속에 있다고 하는 용왕의 궁전. 龍 용 용 宮 궁전 궁　　**벼슬** 나랏일을 맡아 다스리는 자리.　　**솔깃해졌습니다** 그럴듯해 보여 마음이 쏠렸습니다.　　**험상궂게** 생김새나 표정이 매우 무섭고 사납게. 險 험할 험 狀 모양 상　　**꾐** 남을 부추기거나 속이는 짓.　　**침착하게** 흥분하지 않고 차분하게. 沈 가라앉을 침 着 붙을 착　　**병환** '병'의 높임말. 病 병 병 患 병 환　　**능청스럽게** 속마음을 감추고 겉으로는 아무렇지 않게.

1

내용 파악

이 이야기의 내용과 <u>다른</u> 것을 고르세요.

① 용왕이 병에 걸렸다.

② 용왕은 토끼에게 벼슬을 주었다.

③ 토끼는 용왕에게 거짓말을 했다.

④ 자라는 토끼를 찾아 땅으로 올라왔다.

⑤ 토끼는 자라의 꾐에 빠져 용궁으로 갔다.

2

내용 파악

자라가 토끼를 용궁에 데려온 까닭은 무엇인가요?

① 벼슬을 주려고.

② 용궁을 보여 주려고.

③ 용왕의 병을 고치려고.

④ 용궁에서 편하게 살게 하려고.

⑤ 맛있는 음식을 대접하려고.

3

추론

㉠에서 짐작할 수 있는 토끼의 마음으로 알맞은 것을 고르세요.

① 통쾌하다.　　　② 불안하다.　　　③ 감사하다.

④ 궁금하다.　　　⑤ 안타깝다.

4

이 이야기에 나오는 인물과 그 인물에 대한 설명을 바르게 연결하세요.

(1) 용왕 •

(2) 자라 •

(3) 토끼 •

• ㉠ 어려움에 처했을 때 꾀를 내어 지혜롭게 극복한다.

• ㉡ 충성심이 있고, 명령을 잘 따른다.

• ㉢ 자신을 위해 남의 목숨을 빼앗는 걸 당연하게 생각한다.

5

이 이야기의 특징이 <u>아닌</u> 것을 고르세요.

① 시간적 배경은 아주 먼 옛날이다.

② 등장인물이 사람처럼 말하고 행동한다.

③ 현실에서 일어날 수 없는 사건이 벌어진다.

④ 주인공이 죽어 안타까움을 느끼게 한다.

⑤ 공간적 배경은 '바닷속 → 육지 → 바닷속 → 육지'로 바뀐다.

6

'준말'이란 어떤 낱말의 한 부분이 줄어든 것입니다. 다음 본말(줄어들지 않은 원래의 말)을 보고, '남을 부추기거나 속이는 짓'이라는 뜻을 지닌 낱말을 앞 글에서 찾아 쓰세요.

꼬임(본말) → [ ] (준말)

7

토끼는 위험한 상황을 슬기롭게 이겨냈습니다. 토끼의 행동과 관련 있는 속담은 무엇인가요?

① 누워서 떡 먹기

② 낫 놓고 기역 자도 모른다

③ 가는 말이 고와야 오는 말이 곱다

④ 낮말은 새가 듣고 밤말은 쥐가 듣는다

⑤ 호랑이에게 물려 가도 정신만 차리면 산다

1단계　다음 낱말들의 뜻을 찾아 바르게 이으세요.

(1) 험상궂게 ●　　　　　　　　　　● ㉠ 속마음을 감추고 겉으로는 아무렇지 않게.

(2) 능청스럽게 ●　　　　　　　　　● ㉡ 생김새나 표정이 매우 무섭고 사납게.

2단계　위에서 배운 낱말을 빈칸에 넣어 문장을 완성하세요.

(1) 동현이 형은 [　　　　　　　　] 생겼지만 마음씨는 착하다.

(2) 동생은 밥을 먹고도 안 먹었다고 [　　　　　　　　] 거짓말을 했다.

3단계　높이거나 낮추는 말이 아닌 보통 말을 '예사말'이라고 합니다. 왼쪽 예사말의 높임말을 찾아 바르게 짝지으세요.

(1) 먹다 ●　　　　　　　　　　　● ㉠ 연세

(2) 나이 ●　　　　　　　　　　　● ㉡ 진지

(3) 밥 ●　　　　　　　　　　　　● ㉢ 드시다

(4) 병 ●　　　　　　　　　　　　● ㉣ 드리다

(5) 주다 ●　　　　　　　　　　　● ㉤ 병환

우리나라에서는 여러 과일이 납니다. 경기도 안성의 포도, 경상북도 안동의 사과, 전라남도 나주의 배, 제주도의 감귤 등은 각 지역의 **특산물**입니다. **기후**와 **토질**에 맞추어 **재배**한 과일은 맛이 좋을 뿐 아니라 영양이 풍부해 건강에도 좋습니다.

사과는 세계적으로 널리 재배되는 과일입니다. 전 세계에 700여 **품종**이 있으며, 우리나라에서는 10여 종을 재배하고 있습니다. 재배하는 지역이나 품종에 따라 맛, 크기, 색깔, **당도** 등이 다릅니다. 사과에는 **섬유질**이 많이 들어 있어 소화를 돕고 변비를 예방합니다. 또 비타민이 풍부하여 피부를 부드럽게 해 줍니다. 특히 껍질에는 우리 몸을 건강하게 해 주는 성분이 많아 깨끗이 씻은 뒤 껍질째 먹는 것이 좋습니다.

배는 **즙**이 많으며 달고 시원합니다. 그래서 음식을 만들 때 배를 갈아 넣으면 설탕을 사용하지 않고도 달고 시원한 맛을 낼 수 있습니다. 또 배는 열을 내리고 기침을 **멎게** 해 줍니다. 그래서 약이 흔하지 않았던 옛날에는 배를 **달여서** 감기약으로 사용했습니다. ㉠ '배 먹고 이 닦기'라는 속담이 있습니다. 한 가지 일로 두 가지 이로움을 얻을 수 있다는 뜻입니다. 배를 먹으면, 달콤한 맛도 즐길 수 있고, 배의 단단한 **과육**을 씹으면서 이를 닦는 효과도 얻을 수 있어서 생긴 말입니다.

귤은 겨울철 대표 과일입니다. 추위에 약해 제주도처럼 따뜻한 지역에서 주로 재배됩니다. 귤은 **면역력**을 키워 주고, 피부와 **혈관** 건강에 도움을 줍니다. 귤 겉껍질 속에 붙어 있는 하얀 껍질은 변비를 예방하고, 우리 몸에 쌓인 **독소**를 배출하게 돕습니다. 겉껍질에도 영양소가 많으므로 깨끗이 씻어서 차로 마시면 감기 예방에 도움이 됩니다.

우리나라에서 생산되는 **제철** 과일은 독특한 향기와 맛이 있으며 영양가가 풍부합니다.

특산물 한 지역에서 특별하게 생산되는 물건. 特 특별할 특 産 생산할 산 物 물건 물　　**기후** 일정한 지역에서 여러 해에 걸쳐 나타난 기온, 비, 눈, 바람 등의 평균 상태. 氣 기후 기 候 기후 후　　**토질** 흙의 성질. 土 흙 토 質 성질 질　　**재배** 식물을 심어 가꾸는 것. 栽 심을 재 培 기를 배　　**품종** 물품의 종류. 品 물건 품 種 종류 종　　**당도** 단맛의 정도. 糖 설탕 당 度 정도 도　　**섬유질** 섬유(동식물의 몸을 이루는 물질. 실처럼 가늘고 길다.)로 이루어진 물질. 纖 가늘 섬 維 밧줄 유 質 성질 질　　**즙** 과일이나 채소에서 배어 나오거나 짜낸 액체. 汁 즙 즙　　**멎게** 멈추거나 그치게.　　**달여서** 액체를 진해지게 끓여서.　　**과육** 열매에서 씨를 둘러싸고 있는 살. 果 과일 과 肉 살 육

면역력 몸 밖에서 들어온 병균을 이겨 내는 힘. 免 벗어날 면 疫 전염병 역 力 힘 력 **혈관** 피가 흐르는 관. 血 피 혈 管 관 관 **독소** 해로운 요소. 毒 독 독 素 성질 소 **제철** 동식물이 자라거나 생산되는 데에 알맞은 시기.

1

중심 생각

무엇에 대해 쓴 글인가요?

① 과일의 맛.

② 과일의 특징과 효과.

③ 세계의 과일.

④ 과일과 관련된 속담.

⑤ 지역의 특산물.

2

내용 파악

이 글의 내용과 <u>다른</u> 것을 고르세요.

① 사과에는 섬유질이 많이 들어 있다.

② 배는 열을 내리고 기침을 멎게 한다.

③ 귤에 붙은 하얀 껍질을 먹으면 몸에 독소가 쌓인다.

④ 배의 단단한 과육을 씹으면 이를 닦는 효과를 얻을 수 있다.

⑤ 기후와 토질에 맞추어 재배한 과일은 맛이 좋고 영양이 풍부하다.

3

글의 종류

이 글을 쓴 까닭을 고르세요.

① 보고 듣고 느낀 점을 기록하려고.

② 연극을 하려고.

③ 재미와 감동을 주려고.

④ 사실이나 정보를 알리려고.

⑤ 다른 사람을 설득하려고.

4 ⊙의 '배 먹고 이 닦기'와 비슷한 뜻의 속담이 <u>아닌</u> 것을 고르세요.

① 굿 보고 떡 먹기   ② 꿩 먹고 알 먹기

③ 도랑 치고 가재 잡는다   ④ 소 잃고 외양간 고친다

5 다음에서 설명하는 과일은 무엇인가요?

> 주로 여름에 먹는 과일이다. 이 과일은 향이 좋고 맛이 달콤하다. 껍질은 솜털로 덮여 있고
> 과육 가운데에 커다란 씨가 있다. 과육의 색에 따라서 백도와 황도로 구분한다.

ㅂ	ㅅ	ㅇ

6 아래 지도를 보고 질문에 알맞은 번호와 지역 이름을 쓰세요.

① 강원도
② 경기도
③ 충청북도
④ 충청남도
⑤ 경상북도
⑥ 전라북도
⑦ 경상남도
⑧ 전라남도
⑨ 제주도

(1) '사과'로 유명한 '안동'이 있는 지역은 어디 인가요?

(2) '배'가 특산물인 '나주'가 있는 지역은 어디인가요?

(3) 맛있는 '포도'가 생산되는 '안성'이 있는 지역은 어디인가요?

(4) '감귤'을 주로 재배하는 지역은 어디인가요?

1단계   다음 낱말의 뜻을 찾아 선으로 이으세요.

(1) 재배 •

(2) 기후 •

(3) 독소 •

• ㉠ 식물을 심어 가꾸는 것.

• ㉡ 해로운 요소.

• ㉢ 일정한 지역에서 여러 해에 걸쳐 나타난 기온, 비, 눈, 바람 등의 평균 상태.

2단계   위에서 배운 낱말을 빈칸에 넣어 문장을 완성하세요.

(1) 배추는 서늘한 ☐☐ 에서 잘 자란다.

(2) 이 과일은 몸속 ☐☐ 를 없애는 데에 좋다.

(3) 우리 가족은 주말농장에서 고구마를 ☐☐ 하고 있다.

3단계   아래 설명을 읽고, 뜻풀이에 알맞은 낱말을 골라 쓰세요.

-력   ⋮   어떤 낱말 뒤에 붙어, '능력' 또는 '힘'의 뜻을 더하는 말.
      ⋮   예 상상력, 설득력, 면역력

(1) 잘 설명하거나 이해시켜서 따르게 하는 힘.

_____

(2) 몸 밖에서 들어온 병균을 이겨 내는 힘.

_____

(3) 실제로는 없거나 보이지 않는 것을 머릿속에 그려 보는 능력.

_____

쇠붙이를 끌어당기는 물체를 '자석'이라고 합니다. 우리는 주변에서 자석을 쉽게 접할 수 있습니다. 방향을 알려 주는 나침반의 바늘에도, 음식을 시원하게 보관할 수 있게 하는 냉장고의 문에도 자석이 쓰입니다.

자석이 쇠붙이를 끌어당기는 성질을 '자기'라고 부릅니다. 자기는 기체, 액체, 고체를 모두 통과합니다. 즉, 공기 중에서 쇠막대가 조금 떨어져 있어도 자석은 쇠막대를 끌어당깁니다. 물에 빠진 쇠막대도 자석으로 찾을 수 있습니다. 얇은 종이로 쇠막대를 가려 놓아도 자석이 쇠막대를 끌어당깁니다.

자석은 크게 두 가지로 나누어 살펴볼 수 있습니다. 우리 주변에서 쉽게 볼 수 있는 것은 **영구** 자석입니다. 영구 자석은 자기를 계속 지니고 있습니다. 냉장고 겉에 붙여 놓은 자석이 떨어지지 않고 계속 붙어 있는 것을 보면 자기가 유지되는 것을 알 수 있습니다.

이와는 반대의 특성을 지닌 것이 **일시** 자석입니다. 일시 자석은 자기를 만들거나 없앨 수도 있고, 자극의 위치도 바꿀 수 있으며, 자기의 세기를 조절할 수도 있습니다. 무거운 물체도 들어 올릴 수 있어, **폐차장**에서 차를 들어서 옮길 때에도 사용합니다.

영구 자석의 힘은 양쪽 끝이 가장 강합니다. 이곳을 자극이라고 합니다. 자석의 한쪽 끝은 N극, 다른 쪽 끝은 S극입니다. 자석 두 개를 가까이 놓으면 같은 극끼리는 서로 밀고, 다른 극끼리는 서로 당깁니다. 두 물체가 서로 끌어당기는 힘을 인력, 서로 밀어내는 힘을 척력이라고 부릅니다. 자석의 두 자극을 중심으로 그 주위에 자기를 띠는 **영역**이 생깁니다. 이 영역을 자기장이라고 합니다.

㉠ 자석을 바늘처럼 가늘게 만들어 물 위나 공중에 띄워 놓으면 그 끝이 항상 남쪽과 북쪽을 가리킵니다. 지구도 거대한 자석이기 때문입니다. 영어로 북쪽(North)을 나타내는 말의 앞 글자를 따서, 나침반의 북쪽을 가리키는 자극을 N극이라고 합니다. 나침반의 남쪽을 가리키는 자극은 영어로 남쪽(South)을 나타내는 말의 앞 글자를 따서 S극이라고 지었습니다. 지구 북극 쪽이 S극, 남극 쪽이 N극의 성질을 띠기 때문에 나침반은 그와 반대로 가리킵니다.

중국에서는 11세기부터 나침반을 사용했습니다. 그때는 자석을 '지남철'이라고 불렀습니다. 남쪽을 가리키는 쇠붙이라는 뜻입니다. 인간은 이렇게 오래전부터 자석을 이용하며 살고 있습니다.

쇠붙이 쇠로 된 도구나 쇳조각을 통틀어 이르는 말.　**영구** 오랫동안 계속되어 끝이 없음. 永 길 영 久 오랠 구　**일시** 잠깐 동안. 一 하나 일 時 때 시　**폐차장** 낡거나 못 쓰게 된 차를 없애는 곳. 廢 버릴 폐 車 차 차 場 장소 장　**영역** 활동, 기능, 효과 등이 미치는 범위. 領 거느릴 영 域 구역 역　**세기** 백 년 동안을 세는 단위. 世 백 년 세 紀 해 기

---

1 이 글의 중심 낱말은 무엇인가요?

핵심어

① 쇠붙이　　　　② 자석　　　　③ 자극

④ 자기장　　　　⑤ 나침반

---

2 11세기, 중국에서는 자석을 무엇이라고 불렀나요?

내용
파악

---

3 다음 중 이 글에 담기지 <u>않은</u> 내용은 무엇인가요?

내용
파악

① 자석의 뜻.　　　　　　　② 자기의 뜻.

③ 자석의 종류.　　　　　　④ 자극의 종류.

⑤ 자기장의 종류.

---

4 다음 뜻에 알맞은 낱말을 이 글에서 찾아 쓰세요.

내용
파악

(1)　두 물체가 서로 끌어당기는 힘.

(2)　두 물체가 서로 밀어내는 힘.

5 다음 중 일시 자석의 특징이 <u>아닌</u> 것을 찾으세요.

내용
파악

① 자기를 만들어 낼 수 있다.

② 자기를 없앨 수 있다.

③ 자극의 위치를 바꿀 수 있다.

④ 영구 자석보다 힘이 약하다.

⑤ 자기의 세기를 조절할 수 있다.

6 다음 중 자석의 밀고 당기는 힘을 가장 잘 나타낸 그림을 찾으세요.

적용

① S N   N S

서로 밀어낸다

② N S   S N

서로 끌어당긴다

③ N S   N S

서로 밀어낸다

④ S N   S N

서로 밀어낸다

7 지구 그림의 위쪽이 북쪽, 아래쪽이 남쪽입니다. ㉠을 가장 잘 나타낸 그림은 무엇인가요? 나침반 바늘

추론
의 빨간 쪽은 북쪽을 가리킵니다.

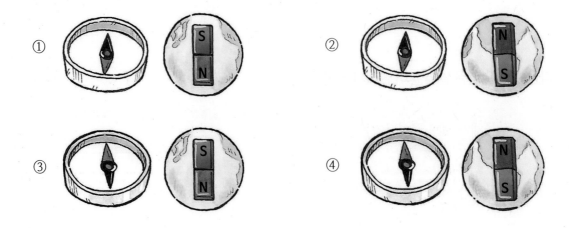

1단계   다음 낱말의 뜻을 찾아 선으로 이으세요.

(1) 영구 •   • ㉠ 잠깐 동안.

(2) 일시 •   • ㉡ 활동, 기능, 효과 등이 미치는 범위.

(3) 영역 •   • ㉢ 오랫동안 계속되어 끝이 없음.

2단계   위에서 배운 낱말을 빈칸에 넣어 문장을 완성하세요.

(1) 태양열은 ☐☐ 이용 가능 에너지 자원이다.

(2) 현주와 나는 ☐☐ 적으로 사이가 나빴다가도 금세 친하게 지낸다.

(3) 동물들은 자기 ☐☐ 에 다른 동물이 침입하면 사납게 공격한다.

3단계   다음 설명을 읽고, 빈칸에 알맞은 낱말을 골라 쓰세요.

> 廢
> 버릴
>
> 폐지: 쓰고 버린 종이.
>
> 폐차: 낡아서 못 쓰게 된 차를 없앰.

(1) 나는 ☐☐ 를 묶어 분류 배출하였다.

(2) 삼촌은 10년 넘게 탄 차를 ☐☐ 하여 슬퍼하셨다.

거리에는 식당, 카페, 미용실 등 수많은 가게가 있습니다. 가게들은 대부분 **간판**을 달고 이름을 알립니다. 그런데 간판을 들여다보면 영어로 된 가게 이름이 많습니다. 심지어 일본어나 한자로 표현한 간판이 보이기도 합니다. 왜 그럴까요?

다른 나라의 언어가 더 **세련되며** 멋있다고 생각하기 때문입니다. 모자나 옷에 영어가 잔뜩 적힌 옷을 입고 다니는 사람들 가운데 그 글이 어떤 뜻인지 알고 입는 사람은 많지 않습니다. 옷에 적힌 글의 뜻보다는 단순히 겉으로 좋아 보이는 것을 중요하게 여기기 때문입니다.

외국의 제품이 더 좋다고 생각하여 외국어를 쓸 때도 있습니다. 우리나라보다 경제적으로 더 나은 나라의 제품은 품질이 더 좋다고 생각하는 사람들이 있기 때문입니다. **품질**이 서로 비슷한 제품이라도 외국 물건을 **선호하는** 사람도 있습니다. 이러한 **심리**를 이용해서 외국 회사처럼 보이려고 회사나 제품의 이름을 외국어로 쓰기도 합니다.

마지막으로, 외국어를 쓰면 자신이 똑똑해 보이거나 다른 사람들의 눈에 멋있게 비친다고 생각하기 때문입니다. 별것 아닌 말이라도 외국어를 쓰면 더 유식하게 보는 사람도 있습니다. 이런 까닭으로, ㉠ <u>우리말로 충분히 표현할 수 있음에도 **불구하고** 외국어를 사용하는 모습</u>을 우리 주변에서 쉽게 볼 수 있습니다.

하지만 이런 행동들은 위험합니다. 우리 문화의 소중함과 **우수성**을 알지 못하고, 외국의 문화만 세련되고 멋있다고 생각하여 좋아하다 보면 자칫 ㉡ '문화 사대주의'에 빠질 수 있기 때문입니다. 문화 사대주의란, **주체성**을 잃은 채 세력이 더 크고 강한 나라의 문화를 받들어 따르려는 태도를 말합니다.

오늘날 수많은 우리 낱말이 사람들의 무관심 속에서 잊히고 있습니다. 우리말은 세계에서 인정받는 훌륭한 언어입니다. 외국어를 쓰면 무조건 좋다는 생각은 버리고, 우리말을 사랑하고 더 알아가려는 노력이 필요합니다.

간판 상점이나 기관 등에서 이름, 판매 상품 등을 써서 사람들의 눈에 잘 뜨이게 걸거나 붙이는 것. 看 볼 간 板 널빤지 판　**세련되며** 깔끔하고 품위가 있으며. 洗 씻을 세 練 익힐 련　**품질** 물건의 성질과 바탕. 品 물건 품 質 성질 질　**선호하는** 여럿 가운데서 특별히 하나를 골라 좋아하는. 選 가릴 선 好 좋을 호

심리 마음이나 의식의 상태. 心 마음 심 理 다스릴 리   **불구하고** 꺼리지 않고. 不 아닐 불 拘 거리낄 구
우수성 여럿 가운데 뛰어난 특성. 優 뛰어날 우 秀 빼어날 수 性 성질 성   **주체성** 인간이 어떤 일을 실천할
때 나타내는 자유롭고 자주적인 성질. 主 주인 주 體 몸 체 性 성질 성

1

글의
종류

이 글의 종류는 무엇인가요?

① 일기   ② 논설문   ③ 설명문

④ 기행문   ⑤ 독후감

2

주제

이 글의 주제를 찾으세요.

① 우리말을 사랑하고 더 알기 위해 노력하자.

② 외국어를 소중히 여기자.

③ 여러 외국어를 배우자.

④ 외국어를 절대 쓰지 말자.

⑤ 오래된 간판은 새것으로 바꾸자.

3

내용
파악

이 글의 내용으로 틀린 것을 고르세요.

① 거리에는 영어로 된 간판을 단 가게가 많다.

② 우리말은 세계에서 인정받는 훌륭한 언어다.

③ 품질이 서로 비슷한 제품이라도 외국 물건을 선호하는 사람이 있다.

④ 문화 사대주의란 자기 나라의 역사, 전통, 문화 등이 가장 뛰어나다고 믿는 태도를 말한다.

⑤ 오늘날 수많은 우리 낱말이 잊히고 있다.

4

적용

㉠의 예로 적절하지 <u>않은</u> 것을 고르세요.

① "어머니, 물 한 <u>컵</u>만 주세요."

② "태주야, 미안한데 <u>티슈</u> 좀 빌려줄 수 있어?"

③ "<u>컴퓨터</u>가 고장 나서 숙제를 못했어요."

④ "지금부터 선생님의 말씀을 각자 <u>노트</u>에 잘 받아 적으세요."

⑤ "형민아, 책상 위에 있는 아빠 차 <u>키</u> 좀 갖다줄 수 있겠니?"

5

적용

㉡이 가장 잘 드러난 생각이나 행동을 고르세요.

① 우리나라의 음식이 최고이므로 다른 나라의 음식은 먹지 않는다.

② 우리나라에 놀러 온 미국인 친구에게 경복궁을 소개해 주고 싶다.

③ 외국의 클래식 음악보다 우리나라 전통 음악인 국악이 더 듣기 좋다.

④ 우리말은 다른 나라의 말과 비교해도 전혀 뒤처지지 않는 훌륭한 언어이다.

⑤ 유럽의 자동차는 모두 우리나라의 자동차보다 훨씬 멋있고 안전하다.

6

감상

친구들이 대화를 나누었습니다. 이 글의 주제와 어울리지 <u>않는</u> 말을 한 친구를 고르세요.

① 원철: 알아보니 우리말에도 멋지고 아름다운 표현이 많더라.

② 호민: 일부러 우리말 대신 영어를 자주 사용했던 내 행동을 반성하게 됐어.

③ 재규: 우리말에 관심을 두고 더 열심히 배우고 싶어졌어.

④ 유나: 중국에 관심이 많아서 중국어 학원에 다니는데 내일부터 절대 가지 말아야겠어.

⑤ 보현: 훌륭한 언어를 물려주신 조상께 감사한 마음을 갖고 우리말을 더 사랑해야지.

어휘력 기르기

1단계 다음 낱말들의 뜻을 바르게 이으세요.

(1) 간판 •

(2) 품질 •

(3) 심리 •

• ㉠ 물건의 성질과 바탕.

• ㉡ 마음이나 의식의 상태.

• ㉢ 상점이나 기관 등에서 이름, 판매 상품 등을 써서 사람들의 눈에 잘 뜨이게 걸거나 붙이는 것.

2단계 다음 글의 빈칸에 알맞은 낱말을 위에서 찾아 쓰세요.

(1) 민정이는 큰 충격을 받아 ☐☐ 상담을 받았다.

(2) 저녁이 되니 ☐☐ 마다 불이 켜져 거리가 화려해졌다.

(3) 회사는 제품의 ☐☐ 을 개선하기 위해 열심히 노력하고 있다.

3단계 다음 설명을 읽고, 빈칸에 알맞은 낱말을 쓰세요.

> 無
> 없을 무
>
> 무관심: 관심이나 흥미가 없음.
>
> 무조건: 이리저리 살피지 아니하고.

(1) 다른 사람의 의견을 ☐☐☐ 반대하는 행동은 옳지 않다.

(2) 환경 보호에 ☐☐☐ 한 사람이 많다. 우리는 자연을 지키려고 노력해야 한다.

나비춤

서덕출

동무야 동무야
모여 오너라
봄 햇볕 잔디로
모여 오너라
손에 손을 붙잡고
나비춤 추세

꽃동산 울 넘어로
날아 다니며
춤 추는 나비와
우리도 같이
꽃동산 마루에서
나비춤 추세

동무야 동무야
모여 오너라
㉠ 진달래꽃 흩어지는
꽃잎 속에서
우리도 나푼나푼
나비춤 추세

동무 늘 친하게 어울리는 사람. ⓐ 친구   **나비춤** 나비가 나는 모양을 흉내 낸 춤.   **울** 풀이나 나무 따위를 얽거나 엮어서 담 대신에 경계를 지어 막는 물건.   **마루** 산이나 언덕의 꼭대기.   **나푼나푼** 얇고 넓은 물건이 자꾸 가볍게 날리어 흔들리는 모양.

1

5주
24회

구조

이 시는 몇 연 몇 행인가요?

☐ 연 ☐ 행

2

핵심어

이 시의 중심 소재는 무엇인가요?

① 햇볕   ② 나비춤   ③ 잔디

④ 꽃동산   ⑤ 진달래꽃

3

구조

이 시에서 각 연의 마지막에 똑같이 나오는 표현은 무엇인가요?

① 나비춤 추세   ② 동무야 동무야   ③ 모여 오너라

④ 손에 손을 붙잡고   ⑤ 꽃동산 마루에서

4

내용
파악

다음 중 이 시의 내용과 <u>다른</u> 것을 고르세요.

① 시의 배경이 되는 계절은 봄이다.

② 말하는 이는 동무와 함께 나비춤을 추고 싶어 한다.

③ 말하는 이는 꽃동산 꼭대기에서 나비춤을 추고 싶어 한다.

④ 나비는 꽃동산 울을 넘어 날아다닌다.

⑤ 꽃동산에는 아직 진달래꽃이 피지 않았다.

5 이 시에서 느낄 수 있는 분위기는 무엇인가요?

감상
① 슬픔　　　　　　　② 무서움　　　　　　③ 지루함

④ 신남　　　　　　　⑤ 화남

6 이 시에 대하여 잘못 말한 친구를 고르세요.

감상
① 명호: 각 연의 홀수 행은 6~8글자, 짝수 행은 모두 5글자로 이루어져서 리듬이 느껴져.

② 원주: 나비춤 추는 모습을 '봄 햇볕 잔디'에 비유해서 아름답게 표현했어.

③ 혜서: '동무야 동무야', '나비춤 추세' 같은 말이 반복되어서 리듬감을 느낄 수 있어.

④ 연제: '나푼나푼'이라는 말 때문에 나비춤을 추는 모습이 더 실감 나게 느껴져.

⑤ 원상: '진달래꽃'은 이 시의 배경이 되는 계절이 봄이라는 것을 알려 주는 존재야.

7 다음 중 ㉠ '진달래꽃'은 무엇인가요?

배경
지식

①

②

③

④

1단계 모양을 흉내 내는 낱말들입니다. 뜻을 찾아 바르게 이으세요.

(1) 나푼나푼 •

(2) 엉금엉금 •

(3) 폴짝폴짝 •

• ㉠ 큰 동작으로 느리게 걷거나 기는 모양.

• ㉡ 얇고 넓은 물건이 자꾸 가볍게 날리어 흔들리는 모양.

• ㉢ 작은 것이 자꾸 세차고 가볍게 뛰어오르는 모양.

2단계 다음 문장의 빈칸에 알맞은 낱말을 위에서 찾아 쓰세요.

(1) 개구리가 내 발소리에 놀라 [   ] 뛰어갔다.

(2) 나비가 [   ] 춤을 추며 날아갔다.

(3) 거북이가 강을 향해 [   ] 기어갔다.

3단계 다음 사진이 나타내는 낱말을 본문에서 찾아 쓰세요.

(1)

[   ]

옛날, 한 **비단** 장수가 무덤 옆에서 잠시 쉬다가 깜빡 잠이 들었습니다. 그런데 잠에서 깨어 보니 비단이 모두 사라졌습니다. 무덤 근처를 **샅샅이** 찾아보았지만 **헛수고**였습니다. 마을로 내려온 비단 장수는 **사또**를 찾아가 **하소연**하였습니다.

"네가 비단 보따리를 도둑맞았을 때, 그 주위에 정말 아무도 없었느냐?"

"예. 아무도 없었습니다. 무덤 옆에 **망주석** 한 개가 서 있었을 뿐입니다."

사또는 잠시 생각하더니 **포졸**들에게 명령했습니다.

"여봐라, 망주석을 잡아 오너라! 망주석은 비단을 훔쳐 간 사람을 보았을 것이다."

도둑이 아니라 망주석을 잡아 오라는 말에 비단 장수는 .

사또가 망주석을 놓고 **재판**을 한다는 소문이 온 마을에 퍼졌습니다. 사람들은 그 **기막힌** 재판을 구경하러 모여들었습니다.

사또는 망주석을 향해 큰 소리로 꾸짖었습니다.

"너는 도둑을 보지 않았느냐. 당장 대답하지 않으면 가만두지 않겠다!"

망주석이 아무 대답도 하지 않자, 사또는 화가 나서 더 크게 소리쳤습니다.

"말하지 않는 것을 보니 네 놈이 도둑이렷다. 여봐라, 이 망주석을 **곤장**으로 쳐라."

포졸들이 망주석을 때리자 사람들은 참았던 웃음을 터뜨렸습니다. 그때 사또가 기다렸다는 듯이 일어나 **호통**을 쳤습니다.

"여봐라, 재판을 비웃은 사람들을 모두 잡아 가두어라!"

사람들이 바닥에 엎드려 용서해 달라고 빌자, 사또는 못 이기는 척하며 말했습니다.

"내일까지 비단 한 **필**씩 가져오면 용서해 주겠다."

이튿날, 마을 사람들은 비단 한 필씩을 구해 왔습니다. 사또는 비단 장수에게 비단을 보여 주며, 잃어버린 비단이 있는지 찾아보게 하였습니다. 그 비단 **무더기**에는 정말로 비단 장수가 잃어버린 비단이 있었습니다. 사또는 그 비단을 가져온 사람을 불러서 물었습니다.

"이 비단을 어디에서 구했느냐?

"저 너머 마을에서 장사꾼이 비단을 싸게 팔기에 샀습니다."

사또는 포졸을 불러 그 장사꾼을 잡아 오라고 명령했습니다. 얼마 뒤, 포졸이 장사꾼을 잡아 왔습니다. 비단을 훔친 도둑은 곤장을 맞고 감옥에 갇혔습니다.

– 전래 동화, 〈망주석 재판〉

비단 명주실(누에고치에서 뽑은 실)로 짠 광택이 나는 천. 緋 비단 비 緞 비단 단　**샅샅이** 빠지는 것이 없이 모조리.　**헛수고** 아무 보람도 없이 한 수고.　**사또** 옛날에 한 마을을 다스리던 관리.　**하소연** 억울하거나 딱한 사정을 남한테 말하는 것.　**망주석** 무덤 앞의 양쪽에 세우는 한 쌍의 돌기둥. 望 바랄 망 柱 기둥 주 石 돌 석　**포졸** 조선 시대에, 죄인을 잡거나 감옥을 지키는 일을 맡아 하던 군인. 捕 잡을 포 卒 군사 졸　**재판** 옳고 그름을 판단하여 판결을 내리는 것. 裁 결정할 재 判 판가름할 판　**기막힌** 몹시 놀랍거나 못마땅하여 어이가 없는.　**곤장** 옛날에 죄인의 볼기(엉덩이)를 치던 몽둥이. 棍 몽둥이 곤 杖 몽둥이 장　**호통** 몹시 화가 나서 크게 꾸짖는 소리.　**필** 일정한 길이로 말아 놓은 천을 세는 단위. 疋 필 필　**무더기** 한데 수북이 쌓여있거나 뭉쳐 있는 더미나 무리.

1

인물

이 이야기에 등장하지 <u>않는</u> 사람은 누구인가요?

① 사또　　　　② 포졸　　　　③ 망주석 장수

④ 비단 장수　　⑤ 마을 사람들

2

내용
파악

이 이야기의 내용과 <u>다른</u> 것을 고르세요.

① 사또는 망주석을 꾸짖었다.

② 비단 장수는 잠을 자다가 비단을 잃어버렸다.

③ 마을 사람들은 망주석 재판을 보러 모여들었다.

④ 비단 장수는 마을 사람들에게 비단을 싸게 팔았다.

⑤ 사또는 마을 사람들에게 비단을 가져오면 용서해 준다고 했다.

3

추론

이 글의 사또와 가장 잘 어울리는 낱말을 고르세요.

① 지혜롭다.　　② 어리석다.　　③ 게으르다.

④ 얌전하다.　　⑤ 부지런하다.

4 사또가 망주석을 재판한 까닭은 무엇입니까?

내용
파악

① 망주석을 모두 없애려고.

② 도둑을 잡지 못한 포졸들을 혼내 주려고.

③ 마을 사람들을 즐겁게 해 주려고.

④ 망주석이 비단을 훔쳐 간 도둑이라서.

⑤ 비단을 훔쳐 간 도둑을 잡으려고.

5 ㉠에 가장 알맞은 말을 고르세요.

추론

① 힘이 솟았습니다

② 무척 기뻤습니다

③ 너무 억울했습니다

④ 어이가 없었습니다

⑤ 매우 기대하였습니다

6 빈칸을 채워 이 글의 줄거리를 요약하세요.

요약

비단 장수가 무덤 옆에서 잠이 들었다 깨어 보니 (1) ☐☐ 이 사라졌다. 사또는

비단 장수의 이야기를 듣고 (2) ☐☐☐ 을 잡아 오라고 했다. 망주석을 놓고

(3) ☐☐ 하는 모습을 보고 웃은 사람들에게, 사또는 (4) ☐☐ 을 한 필씩

가져오라고 했다. 비단 무더기 속에 비단 장수의 것이 있었다. 사또는 비단을 훔친 도둑을 잡

아 감옥에 가두었다.

1단계　　다음 낱말들의 뜻을 바르게 이으세요.

(1) 망주석　●　　　　　　　　　　　● ㉠ 무덤 앞의 양쪽에 세우는 한 쌍의 돌기둥.

(2) 샅샅이　●　　　　　　　　　　　● ㉡ 억울하거나 딱한 사정을 남한테 말하는 것.

(3) 하소연　●　　　　　　　　　　　● ㉢ 빠지는 것이 없이 모조리.

2단계　　위에서 배운 낱말을 빈칸에 넣어 문장을 완성하세요.

(1) 재하는 잃어버린 팽이를 찾으려고 집 안을 ☐☐☐ 뒤졌다.

(2) 승재는 유리창을 깬 사람은 자신이 아니라며 ☐☐☐ 했다.

(3) 아버지는 슬픈 표정으로 할아버지 산소 앞의 ☐☐☐ 에 손을 얹으셨다.

3단계　　아래 설명을 읽고, 뜻풀이에 알맞은 낱말을 쓰세요.

> **헛-**: 낱말 앞에 붙어 '이유 없는', '보람 없는', '잘못된'의 뜻을 나타내는 말.

(1) 아무 보람 없이 한 수고.

_____

(2) 근거 없이 떠도는 소문.

_____

(3) 아무 보람 없이 가거나 오는 걸음.

_____

관용어란 '둘 이상의 낱말이 모여 그 단어들의 뜻으로만은 알 수 없는, 새로운 의미로 쓰이는 말'입니다. 관용어를 사용하면 짧은 말로도 전하고 싶은 내용을 쉽게 전달할 수 있습니다. 또 재미있는 표현이 많아서, 듣는 사람의 기분을 상하지 않게 하면서 **관심**까지 불러일으킬 수 있습니다.

'골머리를 앓다'는 '어떻게 해야 할지 몰라서 머리가 아플 정도로 고민하다.'라는 뜻의 관용어입니다. '골머리'는 '머리뼈안에 있는 뇌 부분'을 뜻합니다. '앓다'는 '병에 걸려 고통을 겪다.'라는 뜻입니다. 이처럼 어떻게 해야 할지 몰라 머리가 아플 정도로 생각에 **몰두하는** 모습을 두고 '골머리를 앓다'라고 표현합니다.

> **예** 동생이 자꾸 속을 썩여서 어머니는 <u>골머리를 앓고</u> 계신다.

'밤낮을 가리지 않다'라는 관용어도 있습니다. 이 표현에서 '밤낮'은 '밤과 낮을 함께 **이르는** 말'입니다. 그리고 '가리다'는 '여럿 가운데서 하나를 구별하여 고르다.'라는 뜻입니다. 우리는 밤과 낮에 다른 일을 하며 살고 있습니다. 밤에는 자고, 낮에는 친구들과 놀거나 학교에서 공부를 합니다. '밤낮을 가리지 않다'는 '쉬지 않고 무언가를 계속하다.'라는 뜻을 나타냅니다.

> **예** 여름이 되자 매미들이 <u>밤낮을 가리지 않고</u> 맴맴 울기 시작했다.

'㉠ <u>머리를 맞대다</u>'는 '어떤 일을 **의논**하거나 결정하기 위하여 서로 **마주** 대하다.'라는 뜻으로 쓰입니다. 고민이 있거나 해결하기 어려운 일이 있을 때 혼자서 **끙끙대며** 고민하는 경우가 있습니다. 이럴 때 누군가를 만나 머리를 맞대고 이야기를 하다 보면 일이 쉽게 해결되기도 합니다. 혼자만의 생각보다는 여러 사람의 생각이 훨씬 지혜로운 결론을 찾아내는 경우가 많기 때문입니다.

> **예** 우리는 문제를 해결하기 위해 <u>머리를 맞대었다</u>.

관심 어떤 것에 끌리는 마음. 關 끌 관 心 마음 심　**몰두하는** 어떤 일에 온 정신을 다 기울여 집중하는. 沒 빠질 몰 頭 머리 두　**이르는** 무엇이라고 말하는.　**의논** 어떤 일에 대하여 서로 의견을 주고받음. 議 의논할 의 論 말할 논　**마주** 서로 똑바로 향하여.　**끙끙대며** 몹시 앓거나 힘겨울 때 내는 소리를 자꾸 내며.

1

핵심어

이 글의 중심 낱말은 무엇인가요?

① 골머리　　　　② 밤낮　　　　③ 머리

④ 의논　　　　⑤ 관용어

2

내용
파악

관용어에 대한 설명으로 <u>틀린</u> 것을 고르세요.

① 둘 이상의 낱말이 모여 새로운 의미로 쓰이는 말이다.

② 쉬운 내용을 어렵게 풀어 설명할 때 사용한다.

③ 짧은 말로도 전하고 싶은 내용을 쉽게 전할 수 있다.

④ 재미있는 표현이 많아서 듣는 사람의 기분을 상하지 않게 한다.

⑤ 듣는 사람의 관심을 불러일으킬 수 있다.

3

적용

㉠ '머리를 맞대다'를 사용할 수 있는 적절한 상황을 찾으세요.

① 진희: 언니, 내일이 어버이날인데 부모님께 뭘 드릴까? 꽃을 드리는 게 좋을까?

　언니: 편지도 같이 써서 드릴까? 아니면 집안일을 도와드리는 건 어때?

② 주찬: 어제 새로 산 축구화인데 어때, 멋있지?

　민규: 응, 멋있다. 나는 발이 작아서 나한테 맞는 축구화가 없어.

③ 수민: 혁진아, 괜찮아? 얼굴이 엄청 피곤해 보인다.

　혁진: 어젯밤에 잠도 안 자고 책을 너무 재밌게 읽어서 그런가 봐.

4 다음 대화를 읽고 밑줄 친 관용어 '오지랖 넓다'의 뜻을 고르세요.

추론

> 어머니: 예은아, 네 동생 예준이 어디 갔니?
>
> 예 은: 친구 호찬이가 부모님이랑 자전거를 사러 갔는데 거기 따라갔어요.
>
> 어머니: 아이고, 우리 아들은 참 <u>오지랖도 넓지</u>. 거길 쓸데없이 왜 따라갔대.

① 어려움을 무릅쓰고 행동하거나 일을 밀어붙이다.

② 매우 억울하고 화가 나서 참지 못하다.

③ 걱정이 많아 마음이 불편하다.

④ 쓸데없이 지나치게 아무 일에나 참견하다.

⑤ 여러 사람과 쉽게 잘 사귀어서 아는 사람이 많다.

5 다음은 다양한 관용어와 그 의미입니다. 빈칸에 알맞은 관용어를 골라 그 번호를 쓰세요.

적용

> ① 귀가 얇다: 남의 말을 쉽게 받아들인다.
>
> ② 발이 넓다: 사귀어 아는 사람이 많아 활동하는 범위가 넓다.
>
> ③ 손이 크다: 물건을 사거나 돈을 쓰는 태도가 큼직하고 여유 있다.
>
> ④ 입이 짧다: 음식을 심하게 가리거나 적게 먹다.

(1) 재성이는 용돈을 받으면 친구들을 편의점에 데리고 가서 배부르도록 과자를 사 준다. 재성이는 정말

[   ].

(2) 훈진이는 친구들의 뻔한 거짓말에도 쉽게 속을 정도로 [   ].

(3) 유화는 3학년생 가운데 친하지 않은 사람이 없을 정도로 [   ].

(4) 지현이는 반찬 투정이 심하고 [   ]. 그래서인지 키가 작고 말랐다.

* **투정** 무엇이 모자라거나 못마땅하여 떼를 쓰며 조르는 일.

1단계   다음 낱말들의 뜻을 바르게 이으세요.

(1) 관심 •

(2) 근심 •

(3) 의논 •

• ㉠ 어떤 일에 대하여 서로 의견을 주고받음.

• ㉡ 해결되지 않은 일 때문에 속을 태우거나 우울해함.

• ㉢ 어떤 것에 끌리는 마음.

2단계   다음 글의 빈칸에 알맞은 낱말을 위에서 찾아 쓰세요.

(1) 형은 나하고는 [ ][ ] 도 없이 마음대로 자기 방을 결정했다.

(2) 명천이는 운동은 잘하는데, 공부에는 전혀 [ ][ ] 이 없다.

(3) 무슨 일이 있는지 미연이의 얼굴에 [ ][ ] 이 가득했다.

3단계   다음 설명을 읽고 밑줄 친 부분의 뜻을 골라 번호를 쓰세요.

> 이르다   ① 어떤 장소나 시간에 닿다.
>
>   ② 기준을 잡은 때보다 앞서거나 빠르다.
>
>   ③ 무엇이라고 말하다.

(1) 올해는 첫눈이 작년보다 조금 <u>이르다</u>.   (   )

(2) 정해진 시간보다 조금 늦게 약속 장소에 <u>이르렀다</u>.   (   )

(3) 놀이터에서 노는 아이들에게 조심하라고 <u>일렀다</u>.   (   )

6주
26회

우리나라는 사계절이 뚜렷합니다. 봄은 포근하고, 여름은 더우며, 가을은 시원하고, 겨울은 춥습니다. 이 가운데 겨울은 **난방** 장치 없이는 지내기 어렵습니다. 요즘은 여러 난방 장치를 이용하여 따뜻하게 지낼 수 있는데, 옛날에는 겨울을 어떻게 견뎌냈을까요?

방바닥을 데워 방을 따뜻하게 하는 우리나라 전통 난방 장치를 '온돌'이라고 합니다. **아궁이**에 불을 피우면, 거기서 나온 열기가 방바닥을 덥혀서 방을 따뜻하게 하는 장치입니다.

방바닥 아래에는 아궁이에서 나온 열기가 지나는 길이 있습니다. 열기가 방바닥에 고루 퍼지게 하는 이 길을 '고래'라고 부릅니다. 고래 위에는 얇고 넓은 돌들을 **빼곡히** 올려놓습니다. 이 돌을 '구들장'이라고 합니다. 그 위에 진흙을 평평하게 발라 바닥을 완성합니다. 아궁이에서 나온 열기는 고래를 따라 퍼져 구들장을 데운 뒤 반대쪽에 만들어 놓은 **굴뚝**으로 빠져나갑니다.

온돌은 장점이 많습니다. 음식을 만들려고 아궁이에 피운 불로 난방까지 할 수 있습니다. 또 **땔감**을 적게 쓰면서도 따뜻함은 오래 유지하기 때문에 상당히 경제적입니다. 구조가 간단하여 고장이 거의 나지 않는 점도 온돌의 장점입니다. 하지만 단점도 있습니다. 아궁이에 가까운 바닥을 아랫목, 반대쪽을 윗목이라고 하는데, 아랫목과 윗목의 온도 차이가 심합니다. 그리고 아궁이에서 불을 피워 방 전체를 데우려면 시간이 오래 걸리기도 합니다.

우리 조상들이 온돌을 언제부터 사용하였는지 정확히는 알 수 없습니다. 다만, 고구려에서 온돌을 사용했다는 기록이 남아 있고, 고구려 **유적**에서 온돌의 흔적이 발견되어 그 무렵부터 사용했을 거라고 추측하고 있습니다. 고구려에서 발달한 온돌은 점차 남쪽 지방으로 전해졌습니다. 당시의 온돌은 방바닥의 일부에만 깔려 있었습니다. 그러다 고려 **말**에 방 전체를 데우는 방식으로 바뀌었습니다. 고려 때까지는 만들기도, 관리하기도 어려워 부자들만 온돌을 사용할 수 있었습니다. 조선 시대가 되어서야 **비로소** 백성들에게 퍼졌습니다.

오늘날의 집에서 흔히 볼 수 있는 **보일러**도 온돌의 원리를 이용한 난방 장치입니다. 온돌은 우리 조상들의 지혜가 담긴, 훌륭한 문화유산입니다. 온돌의 경제적이고 과학적인 난방 방법은 세계적으로도 **가치**를 인정받고 있습니다.

난방 방이나 건물 안의 온도를 높여 따뜻하게 하는 일. 暖 따뜻할 난 房 방 방   **아궁이** 방이나 솥 따위에 열을 가하기 위하여 만든 구멍.   **빼곡히** 사람이나 물건이 어떤 공간에 빈틈없이 꽉 찬 모양.   **굴뚝** 불을 땔 때에, 연기가 밖으로 빠져나가도록 만든 구조물.   **땔감** 불을 때는 데 쓰는 재료.   **유적** 남아 있는 자취. 역사적인 사건이 벌어졌던 곳이나 건축물 등을 이른다. 遺 남길 유 跡 자취 적   **말** 어떤 기간의 끝 무렵. 末 끝 말   **비로소** 어느 때까지 이루어지지 않던 일이 이루어지거나 변하기 시작함을 나타내는 말.   **보일러** 난방 시설, 목욕탕 등에 따뜻한 물을 보내기 위해 물을 끓이는 장치. boiler   **가치** 사물이 지니고 있는 값이나 쓸모. 價 값 가 値 값 치

1

핵심어

이 글의 중심 낱말은 무엇인가요?

① 아궁이   ② 온돌   ③ 굴뚝

④ 고구려   ⑤ 문화유산

2

내용
파악

이 글에 담기지 <u>않은</u> 내용을 고르세요.

① 온돌의 구조

② 온돌의 장점

③ 온돌의 단점

④ 온돌의 역사

⑤ 온돌과 다른 난방 방법의 비교

3

내용
파악

다음 중 온돌의 장점이 <u>아닌</u> 것을 고르세요.

① 경제적인 난방 장치다.

② 구조가 간단하여 고장이 거의 나지 않는다.

③ 음식을 만들면서 그 열로 난방까지 할 수 있다.

④ 방바닥의 어느 곳에서도 온도가 똑같다.

⑤ 따뜻함이 오래 간다.

4 다음 중 온돌에 대한 옳은 내용끼리 짝지어진 것을 고르세요.

내용
파악

> ㉮ 고구려 유적에서 온돌의 흔적이 발견되었다.
>
> ㉯ 남쪽 지방에서 발달한 온돌이 고구려로 전해졌다.
>
> ㉰ 고구려의 온돌은 방바닥 일부에만 깔려 있었다.
>
> ㉱ 조선 시대에 방바닥 전체를 데우는 방식으로 변화했다.
>
> ㉲ 조선 시대가 되어서도 부자들만 사용했다.

① ㉮, ㉰   ② ㉮, ㉲

③ ㉯, ㉱   ④ ㉯, ㉲

⑤ ㉰, ㉱

5 이 글을 읽고 친구들이 대화를 나누었습니다. 틀린 말을 한 친구를 고르세요.

감상

① 경미: 온돌은 오랜 역사를 지닌 우리나라 고유의 난방 방법이구나.

② 은수: 온돌의 원리가 현재에도 쓰이는 걸 알고 나니 우리 조상들이 대단하다는 생각이 들었어.

③ 나현: 음식을 만들려고 피운 불로 난방까지 할 수 있게 만들다니 정말 놀라워.

④ 윤태: 온돌은 장점만 있고 단점은 없는 정말 훌륭한 난방 장치야.

⑤ 민준: 세계적으로 인정받고 있는 온돌을 보니 우리 조상님들이 정말 자랑스러워.

6 다음은 온돌의 구조를 나타낸 그림입니다. 빈칸에 알맞은 낱말을 앞 글에서 찾아 쓰세요.

적용

아랫목   구들장   윗목   (2)

(1)

1단계   다음 낱말들의 뜻을 바르게 이으세요.

(1) 땔감 •

(2) 유적 •

(3) 가치 •

• ㉠ 남아 있는 자취.

• ㉡ 불을 때는 데 쓰는 재료.

• ㉢ 사물이 지니고 있는 값이나 쓸모.

2단계   다음 글의 빈칸에 알맞은 낱말을 위에서 찾아 쓰세요.

(1) 문화 ☐☐ 에는 조상들의 지혜가 담겨 있다.

(2) 이 작품은 예술적으로 ☐☐ 가 높다.

(3) 추운 겨울을 앞두고 ☐☐ 이 부족해서 걱정이 많다.

3단계   다음은 '말'의 여러 뜻입니다. 밑줄 친 낱말의 뜻을 찾아 번호를 쓰세요.

말	① 사람의 생각이나 느낌 따위를 목구멍을 통하여 나타내는 소리. ② 어떤 기간의 끝 무렵.

(1) 우리 가족은 이번 달 <u>말</u>에 제주도로 여행을 간다.   (   )

(2) 가는 <u>말</u>이 고와야 오는 <u>말</u>이 곱다.   (   )

덕수궁에 다녀와서

서울에는 경복궁을 비롯하여 창덕궁, 창경궁, 덕수궁, 경희궁까지 조선 시대의 궁궐이 많이 남아 있다. 우리 식구는 광복절을 맞아 이 중 하나인 덕수궁에 다녀왔다.

집에서 나와 지하철을 타고 시청역으로 향했다. 시청역에서 내려 2번 출구로 올라가니까 오른쪽으로 덕수궁의 돌담이 보였다. 돌담을 따라 앞으로 조금 걸으니 '대한문'이라는 큰 문이 나타났다. 커다란 문의 양옆에는 **수문장**과 병사 **복장**을 한 아저씨들이 서 계셨다. 그분들과 사진을 찍고 싶었는데 사람이 너무 많아 그러지 못해 아쉬웠다.

길을 따라 문 안으로 쭉 걸어가다 보니 다시 **웅장하고** 멋있는 문이 나타났다. '중화문'이라고 적혀 있었다. 문 안쪽에는 **비석** 같은 돌들이 길 좌우에 열두 개씩 세워져 있었다. 그 앞으로는 왕이 **조회**를 열던 중화전이 보였다. 중화전으로 올라가는 계단, '**답도**' 가운데에는 용이 새겨진 돌이 있었다. 그 돌 앞에 이르자 아버지께서 설명해 주셨다.

"덕수궁 답도에는 아주 큰 특징이 있어. 다른 궁궐의 답도에는 **봉황**이 조각된 돌이 놓여 있단다. 하지만 이곳에는 용이 새겨져 있지. **대한 제국**의 황제인 고종이 살았기 때문이야. 봉황은 왕을, 용은 황제를 나타내거든."

중화전 옆에는 화재를 대비해 물을 떠 놓은 그릇, '드므'가 있었다.

중화전 오른쪽에는 기다란 건물이 있었다. 그 건물에 있는 문으로 들어서자 '덕홍전'과 고종의 침실이었던 '함녕전'이 옆에 보였다. 크지는 않지만 지붕이 화려하고 멋있었다.

덕홍전과 함녕전 사이에 난 길로 들어서니 상당히 **이국적인** 건물이 눈에 들어왔다. 덕수궁 안에 서양식 건물이 있어 놀라웠다. '정관헌'이라고 적혀 있었다.

"아빠, 여기 덕수궁 안에 있는 **카페**인 줄 알았어요."

"카페라고 할 수도 있지. 당시 황제였던 고종이 여기에서 커피를 즐겼단다. 궁궐 안에 서양식 건물이 있는 게 신기하지? 덕수궁 안에는 이곳 말고도 서양식 건물이 또 있단다."

왼쪽에 난 길로 2층 건물 '석어당', 복도로 이어진 '즉조당'과 '준명당'을 지나자 유럽에서나 볼 법

한 건물이 보였다. 다른 건물과는 다르게 돌로 지은 '석조전'이었다. 마치 그리스의 **신전**을 보는 것 같았다. 영국인 건축가가 **설계**했다고 어머니께서 설명해 주셨다. 지금은 대한 제국 역사관으로 쓰이고 있다.

덕수궁은 우리 전통 건물과 서양식 건물이 조화를 이루어 색다른 아름다움을 느끼게 해 주었다. 덕수궁을 전부 둘러보고 나니 다른 궁궐에도 가고 싶어졌다.

수문장 궁궐이나 성의 문을 지키던 장수. 守 지킬 수 門 문 문 將 장수 장　**복장** 옷을 잘 갖추어 입은 모양. 服 옷 복 裝 꾸밀 장　**웅장하고** 무척 풍성하며 크고. 雄 웅장할 웅 壯 웅장할 장　**비석** 무덤에 묻힌 사람의 이름, 업적 등을 나타내거나 어떤 사실을 알리기 위해 돌에 글을 새겨 세우는 것. 碑 비석 비 石 돌 석 **조회** 학교나 관청 등에서 아침에 구성원들이 모이는 일. 朝 아침 조 會 모일 회　**답도** 궁궐에서 임금이 가마를 타고 지나는 계단. 踏 밟을 답 道 길 도　**봉황** 옛날 중국 전설에 나오는 새. 좋은 일이 일어날 것을 나타내는 상상의 새. 鳳 봉황 봉 凰 봉황 황　**대한 제국** 1897년에 새로 정한 우리나라의 이름. 1910년에 멸망하였다. 大 큰 대 韓 한국 한 帝 임금 제 國 나라 국　**이국적** 자기 나라가 아닌, 다른 나라의 특징을 지닌 것. 異 다를 이 國 나라 국 的 과녁 적　**카페** 커피, 음료, 술, 가벼운 서양 음식 등을 파는 집. cafe　**신전** 신을 모시는 집. 神 신 신 殿 큰 집 전　**설계** 건물이나 기계 등을 만드는 계획을 세워 그림으로 나타내는 일. 設 세울 설 計 계획할 계

6주

28회

1

글의
종류

이 글의 종류를 가장 잘 설명한 문장을 고르세요.

① 여행하면서 보고, 듣고, 느낀 것을 적은 글.

② 읽는 이들이 무엇을 이해할 수 있도록 쉽게 풀어 쓴 글.

③ 날마다 그날그날 겪은 일이나 생각, 느낌 등을 적은 글.

④ 어떤 주제에 대하여 자기의 생각이나 주장을 밝혀 쓴 글.

⑤ 상대에게 전하고 싶은 소식을 적어 보내는 글.

2

내용
파악

지하철을 타고 덕수궁에 가려고 합니다. 어느 역에서 내리면 좋을까요?

3

내용
파악

덕수궁 답도 가운데의 돌에는 특별한 동물이 새겨져 있습니다. 무슨 동물일까요?

4

내용 파악

다음 중 조선 시대의 궁궐이 <u>아닌</u> 것은 무엇인가요?

① 경복궁   ② 창덕궁   ③ 창경궁

④ 아방궁   ⑤ 경희궁

5

내용 파악

덕수궁에 있는 건물 가운데 서양식으로 지어진 것을 찾으세요.

① 중화전   ② 덕홍전   ③ 함녕전

④ 즉조당   ⑤ 석조전

6

내용 파악

여러 왕을 거느리고 큰 나라를 다스리는 임금을 '황제'라고 합니다. 다음 중 우리나라의 이름을 '조선'에서 '대한 제국'으로 바꾸고 황제가 된 사람을 찾으세요.

① 태조   ② 고종   ③ 세종

④ 연산군   ⑤ 순종

7

적용

다음은 이런 글에 담기는 요소들입니다. <u>잘못</u> 짝지어진 것을 찾으세요.

> 여정: 여행 중에 거쳐 가는 길이나 여행의 과정.
>
> 견문: 보거나 들어 얻은 지식.
>
> 감상: 무엇을 겪으며 마음속에서 일어난 느낌이나 생각.

① 견문 - 커다란 문의 양옆에는 수문장과 병사 복장을 한 아저씨들이 서 계셨다.

② 감상 - 그분들과 사진을 찍고 싶었는데 사람이 너무 많아 그러지 못해 아쉬웠다.

③ 여정 - 중화전 옆에는 화재를 대비해 물을 떠 놓은 그릇, '드므'가 있었다.

④ 여정 - 왼쪽에 난 길로 2층 건물 '석어당', 복도로 이어진 '즉조당'과 '준명당'을 지나자

⑤ 감상 - 마치 그리스의 신전을 보는 것 같았다.

1단계   다음 낱말의 뜻을 찾아 선으로 이으세요.

(1) 비석 ●　　　　　　　　　　　　● ㉠ 건물 등을 만드는 계획을 세워 그림으로 나타내는 일.

(2) 조회 ●　　　　　　　　　　　　● ㉡ 학교나 관청 등에서 아침에 구성원들이 모이는 일.

(3) 설계 ●　　　　　　　　　　　　● ㉢ 무덤에 묻힌 사람의 이름, 업적 등을 나타내거나 어떤
　　　　　　　　　　　　　　　　　　사실을 알리기 위해 돌에 글을 새겨 세우는 것.

2단계   위에서 배운 낱말을 빈칸에 넣어 문장을 완성하세요.

(1) 우리 아버지께서 이 건물을 직접 ☐☐ 하셨다.

(2) 매일 아침에 왕은 신하들을 불러 ☐☐ 를 하였다.

(3) 어머니는 외할머니 산소의 ☐☐ 앞에서 고개를 숙인 채 한참 서 계셨다.

3단계   다음 뜻에 맞는 낱말을 빈칸에 넣어 십자말풀이를 하세요.

(1) 서울에 있으며, 중화전, 함녕전, 석조전, 대한문 등이 있
　　는, 조선의 궁궐.

(2) 궁궐이나 성의 문을 지키던 장수.

(3) 옷을 잘 갖추어 입은 모양.

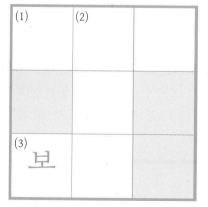

6주
28회

틀린 문제 유형에 표시하세요.

☐ 배경 ☐☐☐ 내용 파악 ☐ 어휘 ☐ 감상

㉠ [   ]

윤동주

외양간 당나귀
아 – ㅇ 앙 **외마디** 울음 울고,

당나귀 소리에
으 – 아 아 아기 **소스라쳐** 깨고,

등잔에 불을 다오.

아버지는 당나귀에게
짚을 한 ㉡ **키** 담아 주고,

어머니는 아기에게
젖을 한 모금 먹이고,

밤은 다시 고요히 잠드오.

외양간 소나 말을 기르는 곳. **외마디** 소리나 말의 단 한 마디. **소스라쳐** 깜짝 놀라 몸을 떨며. **등잔** 기름 그릇에 담긴 심지에 불을 붙여 방 안을 밝히는 기구. 燈 등잔 등 盞 잔 잔 **짚** 벼, 보리 같은 곡식의 알맹이를 떨어내고 남은 줄기. **키** 곡식에 섞인, 곡식 껍질이나 마른 풀 따위를 날려 곡식만 담아내는 도구.

1 이 시는 시간적 배경이 제목으로 쓰였습니다. ㉠에 들어갈 낱말은 무엇인가요?

배경

① 대낮   ② 아침   ③ 정오

④ 오후   ⑤ 밤

2 이 시에 대한 설명으로 <u>틀린</u> 것을 찾으세요.

내용
파악

① 외양간에는 소가 자고 있다.

② 전체가 6연 10행으로 이루어졌다.

③ '아ー o'은 길게 들리는 소리를 나타낸 것이다.

④ '밤은 다시 고요히 잠드오'에서, 밤을 생물처럼 나타냈다.

⑤ 흉내 내는 말을 써서 당나귀와 아이의 울음소리를 생생하게 나타냈다.

3 다음 중 밑줄 친 ㉡을 찾으세요.

어휘

①

②

③

④

⑤

4 이 시에 나오지 <u>않는</u> 모습을 고르세요.

내용
파악

① 당나귀가 우는 모습.

② 당나귀에게 먹이를 주는 아버지 모습.

③ 아기에게 젖을 먹이는 어머니 모습.

④ 당나귀를 쓰다듬는 아버지 모습.

⑤ 당나귀 소리에 놀라 아기가 우는 모습.

5 이 시를 읽고, 생각이나 느낌을 가장 적절하게 말한 사람을 찾으세요.

감상

① 정진: 당나귀와 아기가 울어서 무척 슬픈 느낌이 들어.

② 재훈: 아버지는 당나귀 때문에 무척 화가 나신 것 같아.

③ 윤지: 밤중에 일어난 소란이 눈에 보이는 듯이 실감 나게 느껴져.

④ 서현: 아기 때문에 잠도 못 자는 어머니의 괴로움이 잘 표현됐어.

⑤ 은주: 당나귀가 다른 동물에게 잡아먹힐 것 같은 두려움이 들었어.

6 이 시와 같은 내용이 되도록 빈칸에 알맞은 낱말을 쓰세요.

내용
파악

고요한 밤이었다. (1) _____ 에 있던 당나귀가 배가 고픈지 "아앙" 하

고 울었다. 그 소리에 놀라, 아기도 잠에서 깨어 "으아" 하고 울음을 터뜨렸다. 아버지는 등잔

을 들고 외양간으로 가서 (2) _____ 에게 짚을 한 키 담아 주셨다. 어머

니도 (3) _____ 에게 젖을 한 모금 먹이셨다. 그러자 울음소리가 그치고

다시 고요한 밤이 찾아왔다.

1단계   다음 낱말의 뜻을 찾아 줄로 이으세요.

(1) 외양간 •

(2) 등잔 •

(3) 짚 •

• ㉠ 기름 그릇에 담긴 심지에 불을 붙여 방 안을 밝히는 기구.

• ㉡ 벼, 보리 같은 곡식의 알맹이를 떨어 내고 남은 줄기.

• ㉢ 소나 말을 기르는 곳.

2단계   위에서 배운 낱말을 빈칸에 넣어 문장을 완성하세요.

(1) 옛날에는 [   ] 으로 신발을 만들어 신었다.

(2) 어미 소는 [   ] 에서 새끼에게 젖을 먹이고 있다.

(3) 옛날에 방 안에서 책을 읽으려면 [   ] 에 불을 붙여야 했다.

3단계   다음 문장의 빈칸에는 뜻은 다르지만 모습이 같은 낱말이 들어갑니다. 알맞은 낱말을 빈칸에 쓰세요.

(1)

┌ 시원한 물을 한 [ ] [ ] 마시니, 더위가 좀 가시는 듯하다.

└ 한 해 동안 [ ] [ ] 한 돈을 어린이 재단에 기부했다.

앞부분의 내용: 옛날에, 눈은 자기가 최고라고 생각했습니다. 그래서 늘 노래를 부르고 춤을 추며 내려왔습니다. 그러던 어느 날, 눈이 멈추면 좋겠다는 홍당무들의 말을 들었습니다.

[가]

눈은 노래를 부르다 말고 홍당무가 하는 말을 조용히 **엿들었습니다.**

"휴, 먼 곳에 살고 있는 토끼들에게 가야 하는데 눈이 너무 많이 오네. 발도 **시리고** 길도 보이질 않고……. 이제 눈이 그만 왔으면 좋겠어……."

눈은 믿을 수가 없었어요.

'세상에, 어떻게 나를 싫어한단 말이야? 나만 보면 모두 신이 나서 즐거워하는데……. 나만 내리면 세상이 다 깨끗하고 예뻐지는데…….'

'아마 홍당무가 잘못 말한 걸 거야. 나를 좋아하면서 괜히 저렇게 말하는 거야!'

눈은 또다시 랄랄라 노래하며 춤추었지요.

얼마나 지났을까…….

누군가 말을 걸어왔어요.

그것은 달님이었지요.

"친구야, 미안하지만 잠깐 멈춰 주렴. 착한 토끼가 친구들에게 갖다 줄 홍당무를 나르고 있단다. 눈이 너무 많이 오면 힘들잖니."

눈은 달님 얘기에 깜짝 놀랐습니다.

"㉠ 그럴 리가 없어요. 달님! 이 세상에 나를 싫어하는 건 없어요. 이 세상에 나보다 예쁜 건 없단 말이에요!"

눈은 화가 나서 **마구** 소리쳤어요.

[나]

"물론 모두 너를 좋아하지. 네가 예쁜 것도 사실이야. 하지만 친구야! 언제나 너만 좋고 예쁠 수는 없단다. 때로는 시원한 바람이 좋을 수도 있고, 때로는 **촉촉한** 비가 예쁠 수도 있거든. 그러니까 가끔은 가장 예쁜 자리를 남에게 **양보**할 줄도 알아야 해.”

눈은 **곰곰이** 생각해 봤어요.

'달님 얘기가 맞아. 모두 나를 좋아하긴 하지만 바람이 더 좋을 때도 있고, 비가 더 예쁠 때도 있어…… 그래, 어느 누구보다 내가 예쁘고 모두가 나만 좋아한다고 생각하는 건 잘못이야!'

그때부터 눈은 노래를 부르지 않고 소리 없이 내렸어요. 혹시 자기 때문에 힘들어하는 친구들이 있을까 봐서, 또 노랫소리 때문에 잠 못 자는 친구들이 있을까 봐서요.

그래서 눈은 춤을 추며 내리다가도 산에 들에 조용히 내려앉는다고 해요.

더구나 밤에 내리는 눈은 아무도 모르게 조용히 조용히 내려오지요.

– 박웅현, 〈눈〉

엿들었습니다 남의 말을 몰래 가만히 들었습니다.　　**시리고** 몸의 한 부분이 찬 기운으로 인해 차갑고.　**마구** 아주 심하게.　**촉촉한** 물기가 있어 젖은 듯한.　**양보** 길이나 자리, 물건 따위를 남에게 내주고 물러나는 것. 讓 사양할 양 步 걸음 보　**곰곰이** 생각을 여러모로 깊이.

1

내용
파악

[가] 부분의 '눈'에 대한 설명으로 바르지 <u>않은</u> 것을 고르세요.

① 자신이 내리면 세상이 다 깨끗하고 예뻐진다고 생각한다.

② 자신이 가장 양보를 잘한다고 생각한다.

③ 자신을 싫어하는 것은 없다고 생각한다.

④ 자기를 보면 모두 즐거워한다고 생각한다.

⑤ 이 세상에서 자기가 가장 예쁘다고 생각한다.

2

내용
파악

이 글에서 '눈'은 생각을 바꿉니다. '눈'의 변화에 가장 크게 영향을 끼친 인물은 누구인가요?

3 [나]에서 '눈'이 깨달은 점은 무엇인가요?

내용
파악

① 세상은 아름답다는 것.

② 노래를 부르면 안 된다는 것.

③ 바람과 비가 더 예쁘다는 것.

④ 세상 모두가 자기만 좋아할 수는 없다는 것.

⑤ 세상에 내려올 때는 조용히 해야 한다는 것.

4 이 이야기를 연극으로 꾸민다면, ㉠은 어떤 표정과 말투로 연기해야 할까요?

추론

① 부러워하는 표정과 말투.   ② 기쁜 표정과 말투.

③ 화난 표정과 말투.   ④ 행복한 표정과 말투.

⑤ 지루한 표정과 말투.

5 [나]부분의 '눈'과 가장 비슷한 사람은 누구인가요?

적용

① 얼굴이 예쁘다고 뽐내는 도연.

② 수학 문제를 틀려 실망한 세정.

③ 그림을 잘 그리는 선화를 부러워하는 재현.

④ 동생의 숙제를 대신해 주는 민성.

⑤ 친구들에게 방해가 될까 봐 도서관에서 조용히 행동하는 윤재.

6 다음은 이 글을 요약한 문장입니다. 빈칸에 가장 어울리는 낱말을 찾으세요.

요약

자기만 알던 눈이 [   ]하는 마음을 지니게 되었다.

① 질투   ② 감사   ③ 무시

④ 배려   ⑤ 자랑

1단계 다음 낱말의 뜻을 찾아 선으로 이으세요.

(1) 양보 •

(2) 마구 •

(3) 곰곰이 •

• ㉠ 생각을 여러모로 깊이.

• ㉡ 길이나 자리, 물건 따위를 남에게 내주고 물러나는 것.

• ㉢ 아주 심하게.

2단계 위에서 배운 낱말을 빈칸에 넣어 문장을 완성하세요.

(1) 정미는 책의 내용을 [   ] 생각해 보았다.

(2) 해진이는 할머니께 자리를 [   ] 해 드렸다.

(3) 승언이는 지우를 보자 가슴이 [   ] 뛰었다.

3단계 설명을 읽고, 밑줄 친 낱말이 문장에서 쓰인 뜻을 찾아 번호를 쓰세요.

내리다	① 눈이나 비 같은 것이 오다.
	② 온도나 값 등이 낮아지거나 떨어지다.
	③ 식물 뿌리가 땅속에 자리를 잡다.

(1) 한숨 푹 자고 났더니 다행히 열이 <u>내렸다</u>.   (   )

(2) 간밤에 <u>내린</u> 눈으로 길이 미끄러웠다.   (   )

(3) 씨앗이 뿌리를 <u>내리고</u> 무사히 싹을 틔웠다.   (   )

6주
30회

산업(產 생산할 산 業 일 업)이란 말 그대로 무엇인가를 생산하는 일입니다. 눈에 보이는 **재화**를 생산하는 일뿐 아니라, 그 재화를 나르고 파는 일, 그리고 사람들에게 편의를 제공하는 일 등도 산업에 속합니다. 영국의 경제학자인 클라크는 무엇을 어떻게 만들어 내느냐에 따라 산업을 1차, 2차, 3차 산업으로 나누었습니다.

1차 산업은 땅이나 바다 같은 자연을 그대로 이용하여 생산물을 얻는 산업입니다. 농업, 임업, 목축업, 어업 등이 여기에 속합니다. 농업은 우리가 먹는 곡식, 채소, 과일 등을 가꾸는 일이고, 임업은 나무를 기르고 베어 팔거나 버섯과 약초 등을 **채취**하는 일입니다. 목축업은 소, 돼지, 닭 같은 가축을 길러서 고기나 알, 가죽 등을 얻는 일이며, 어업은 바다나 강 등에서 어류를 잡거나 기르고 **해조류**를 채취하는 일입니다. 경제가 발전할수록 1차 산업에 **종사**하는 사람들은 줄어듭니다.

2차 산업이란 자연에서 얻은 생산물을 **가공**하여 생활에 필요한 물건을 만드는 산업입니다. 그 종류에는 제조업, 건설업, 광업 등이 있습니다. 제조업에는, 주로 간단한 도구를 사용하여 물건을 생산하는 수공업, 식품이나 신발같이 비교적 가벼운 물건을 생산하는 경공업, 자동차나 기계같이 무거운 물건을 생산하는 중공업이 있습니다. 건설업은 건축물을 짓거나 유지하는 일, 광업은 석탄, 철광석 등을 캐내어 쓸모 있게 만드는 일입니다. 2차 산업은 1차 산업에서 얻은 생산물을 가공하기 때문에 자연환경의 영향을 덜 받습니다. 또 혼자서 물건을 생산하기보다는 **분업**과 **협업**을 통해 재화를 생산하는 경우가 많습니다.

3차 산업은 1차, 2차 산업에서 생산된 물건을 소비자에게 팔거나, 사람들의 생활이 편해지도록 돕는 산업입니다. 다른 말로 서비스업이라고도 합니다. 3차 산업은 범위가 매우 넓습니다. **요식업**, 운송업, 통신업, 숙박업, 관광업, 금융업, 상업, 교육 서비스업, 보건 및 사회 복지 사업 등 그 종류가 다양합니다. 1차 산업과는 반대로, 경제가 발전함에 따라 3차 산업에 종사하는 사람들이 늘어납니다.

최근에는 범위가 매우 넓어진 3차 산업을 상업, 금융업, 운송업 등으로 한정하고, 나머지를 4차, 5차 산업으로 새롭게 나누기도 합니다. 4차 산업에는 정보, 의료, 교육 등이, 5차 산업에는 취미, 오락, 패션, 관광 등이 속합니다.

재화 사람이 바라는 바를 충족시켜 주는 모든 물건. 財 재물 재 貨 재물 화　**채취** 풀, 나무, 광석 따위를 찾아 베거나 캐거나 하여 얻어 냄. 採 캘 채 取 가질 취　**해조류** 바다에서 나는 식물을 통틀어 이르는 말. 海 바다 해 藻 마름 조 類 무리 류　**종사** 직업으로 삼아 어떤 일을 함. 從 일할 종 事 일 사　**가공** 어떤 물건에 노력을 가하여 새로운 물건을 만들어 내는 일. 加 더할 가 工 일 공　**분업** 일을 나누어서 함. 分 나눌 분 業 일 업　**협업** 많은 노동자가 협력하여 계획적으로 일하는 것. 協 화합할 협 業 일 업　**요식업** 일정한 시설을 만들어 놓고 음식을 파는 일. 料 헤아릴 요 食 밥 식 業 일 업

1

제목

이 글의 제목으로 가장 잘 어울리는 것을 고르세요.

① 1차 산업의 특징　　② 미래의 새로운 산업　　③ 산업과 자연 파괴

④ 산업의 종류　　⑤ 4차 산업과 5차 산업

2

내용
파악

1차 산업에 대한 설명으로 바른 것을 고르세요.

① 농업, 임업, 목축업, 제조업 등이 속한다.

② 농업은 곡식, 채소, 과일 등을 가꾸어 생산하는 산업이다.

③ 임업은 바다나 강에서 어류나 해조류를 잡거나 채취하는 산업이다.

④ 목축업은 나무를 기르거나 버섯과 약초 등을 채취하는 산업이다.

⑤ 경제가 발전할수록 1차 산업에 종사하는 사람들이 늘어난다.

3

내용
파악

2차 산업에 대한 설명으로 <u>틀린</u> 것을 고르세요.

① 자연에서 얻은 생산물을 가공하여 생활에 필요한 물건을 생산하는 산업이다.

② 제조업은 수공업, 경공업, 중공업으로 나뉜다.

③ 광업은 석탄, 철광석 등을 캐내어 쓸모 있게 만드는 산업이다.

④ 1차 산업보다 자연환경의 영향을 덜 받는다.

⑤ 분업, 협업보다는 혼자서 생산하는 산업이 많다.

4 3차 산업에 속하는 산업들과 그 설명을 알맞게 이으세요.

배경
지식

(1) 운송업 •

(2) 숙박업 •

(3) 관광업 •

(4) 금융업 •

(5) 상업 •

• ㉠ 돈을 받고 다른 지방이나 다른 나라에서 여행 온 사람들에게 필요한 물건이나 서비스를 제공하는 일.

• ㉡ 생산자에게서 구매한 여러 상품을 소비자에게 다시 파는 일.

• ㉢ 돈을 받고 호텔이나 여관, 캠프장 같은 곳에 손님을 재우거나 머무르게 하는 일.

• ㉣ 돈을 받고 버스나 트럭, 배 등으로 사람을 태워 나르거나 물건을 옮기는 일.

• ㉤ 고객이 맡긴 돈으로 투자하여 이익을 생산하는 일.

5 다음 사진이 나타내는 산업이 어떤 산업이고 몇 차 산업인지 적으세요.

적용

(1) 산업의 종류 : ☐ ☐

(2) ☐ 차 산업

6 다음 중 산업의 종류가 나머지와 <u>다른</u> 하나를 고르세요.

적용

① 음식점에서 국수를 만들어 파는 음식점 주인.

② 시장에서 과일을 파는 시장 상인.

③ 공장에서 신발을 만드는 공장 직원.

④ 학원에서 학생들을 가르치는 학원 강사.

⑤ 도시에서 버스를 운전하는 버스 기사.

1단계   다음 낱말의 뜻을 찾아 선으로 이으세요.

(1) 재화 •　　　　　　　　　　• ㉠ 사람이 바라는 바를 충족시켜 주는 모든 물건.

(2) 분업 •　　　　　　　　　　• ㉡ 어떤 물건에 노력을 가하여 새로운 물건을 만들어 내는 일.

(3) 가공 •　　　　　　　　　　• ㉢ 일을 나누어서 함.

2단계   다음 글의 빈칸에 알맞은 낱말을 위에서 찾아 쓰세요.

(1) 아버지는 어머니와 가정의 일을 ☐☐ 하신다.

(2) 이 공장에서는 우유를 ☐☐ 하여 다양한 유제품을 만든다.

(3) 나라와 나라가 ☐☐ 를 사고파는 일을 무역이라고 한다.

3단계   다음 중 빈칸에 알맞은 단어를 골라 쓰세요.

> **채취**: 풀, 나무, 광석 따위를 찾아 베거나 캐거나 하여 얻어 냄.
>
> **종사**: 직업으로 삼아 어떤 일을 함.

(1) 우리 마을 사람들은 주로 농업과 목축업에 ☐☐ 하고 있다.

(2) 옆 마을 사람들은 주로 조개나 미역을 ☐☐ 하고 있다.

개울, 강, 바다 같은 물속에도 수많은 생명이 살고 있습니다. 그 가운데 **척추**를 지니고 있으며 아가미로 숨을 쉬는 동물을 '물고기'라고 합니다. 물속은, 우리가 사는 지상과는 환경이 무척 다릅니다. 그래서 물고기들은 독특한 **기관**을 지니고 살아갑니다.

우리 몸의 가장 바깥에는 피부가 둘러싸고 있습니다. 그런데 물고기들은 대부분 피부 겉에 비늘이라는 것이 더 있습니다. 비늘은 단단하고 작은 조각으로, 피부를 보호합니다. 물고기 종류에 따라 비늘의 모양도 **제각각**입니다. 비늘이 없는 물고기들은 **점액**으로 몸을 보호합니다.

물고기들은 물속에 있어 숨을 쉬지 않는 것처럼 보이지만 사실은 호흡을 합니다. 물고기의 머리에서 몸통으로 이어지는 부분에 기다란 틈이 있고, 그 안에 빨간 부채처럼 생긴 기관이 있습니다. 이것이 물고기의 호흡 기관인 아가미입니다. 물고기가 입으로 물을 삼키면 아가미에서 물에 녹아 있는 산소를 받아들이고 남은 물을 밖으로 내보냅니다. 사람처럼 폐로 숨을 쉬지는 않지만, 산소를 받아들이고 이산화 탄소를 내보내는 활동은 똑같습니다.

물고기가 물속 적당한 깊이에 떠 있기 위해서는 부레가 필요합니다. 부레는 물고기의 몸속에 있는 공기 주머니입니다. 물고기는 부레 안의 공기량을 조절하여 물속을 오르내립니다. 하지만 상어는 부레 없이도 물속을 자유롭게 헤엄쳐 다닙니다. 그 대신 상어가 움직임을 멈추면 바다 밑바닥으로 가라앉습니다.

물고기의 머리에서 꼬리까지 몸 양옆에 줄이 있습니다. 이것을 옆줄이라고 합니다. 옆줄은 **물살**의 변화나 주변의 다른 물체를 느끼는 감각 기관입니다.

물고기가 균형을 잡고 헤엄치는 운동 기관은 지느러미입니다. 사람이 팔과 다리를 움직여 이동하듯이, 물고기는 지느러미를 이용해 앞으로 나아가고, 멈추기도 하며, 방향을 바꾸고, 균형을 잡습니다. 지느러미는 크게 두 종류로 나뉩니다. 홑지느러미는 하나로 이루어진 지느러미입니다. 척추를 따라 몸통 좌우의 **중앙**에 위치합니다. 등지느러미, 꼬리지느러미, 뒷지느러미가 여기에 속합니다. 쌍지느러미는 몸 좌우에 쌍을 이루어 있습니다. 가슴지느러미와 배지느러미는 몸통 좌우에 달려 있습니다. 몇몇 물고기는 가슴지느러미를 땅을 기는 데에 이용하기도 합니다.

개울 골짜기나 들에 흐르는 작은 물줄기.　　**척추** 척추동물 몸의 중심을 이루는 등뼈. 기둥처럼 이어져 있다. 脊 척추 척 椎 척추 추　　**기관** 일정한 모양과 기능을 가진 생물체의 부분. 器 기관 기 官 기관 관　　**제각각** 사람이나 물건이 모두 따로따로.　　**점액** 끈끈한 성질이 있는 액체. 粘 끈끈할 점 液 진 액　　**물살** 물이 흐르는 힘.　　**중앙** 양쪽 끝에서 같은 거리에 있는 지점. 中 가운데 중 央 가운데 앙

---

1 이 글의 중심 낱말은 무엇인가요?

① 바다　　　　　② 척추　　　　　③ 물고기

④ 지느러미　　　⑤ 아가미

2 다음 중 이 글에 담기지 <u>않은</u> 내용은 무엇인가요?

① 척추가 하는 일　　② 비늘이 하는 일　　③ 부레가 하는 일

④ 옆줄이 하는 일　　⑤ 아가미가 하는 일

3 다음 중 지느러미의 역할이 <u>아닌</u> 것은 무엇인가요?

① 물고기를 앞으로 나아가게 한다.　　② 멈추게 한다.

③ 방향을 바꾼다.　　　　　　　　　　④ 균형을 잡는다.

⑤ 먹이를 먹는다.

4 다음 중 물고기를 찾으세요.

① 게　　　　　　② 해파리　　　　　③ 문어

④ 붕어　　　　　⑤ 불가사리

5 다음 중 이 글의 내용과 같은 문장을 찾으세요.

내용
파악

① 바다에 사는 동물을 모두 물고기라고 부른다.

② 물고기는 옆줄을 통해 물살의 변화를 느낀다.

③ 물고기는 모두 비늘을 지니고 있다.

④ 물고기는 모두 부레를 지니고 있다.

⑤ 물고기는 아가미를 이용해 이동하고 균형을 잡는다.

6 물고기의 모습입니다. 부위에 알맞은 낱말을 앞 글에서 찾아 빈칸에 쓰세요.

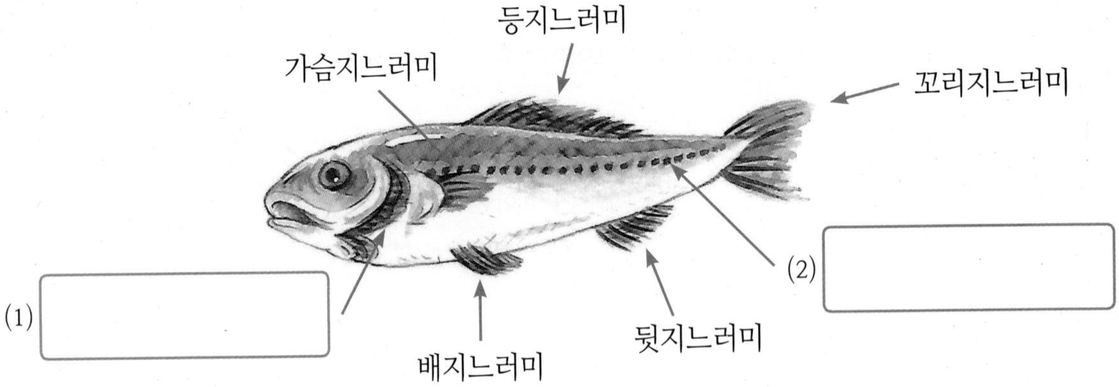

적용

등지느러미

가슴지느러미

꼬리지느러미

(2)

(1)

배지느러미

뒷지느러미

7 위 그림을 보고, 지느러미 종류를 다음과 같이 나누어 쓰세요.

내용
파악

(1) 홑지느러미 [　　　] , [　　　] , [　　　]

(2) 쌍지느러미 [　　　] , [　　　]

어휘력 기르기

1단계　다음 낱말의 뜻을 찾아 선으로 이으세요.

(1) 개울　●

(2) 점액　●

(3) 척추　●

● ㉠ 척추동물 몸의 중심을 이루는 등뼈.

● ㉡ 골짜기나 들에 흐르는 작은 물줄기.

● ㉢ 끈끈한 성질이 있는 액체.

2단계　위에서 배운 낱말을 빈칸에 넣어 문장을 완성하세요.

(1) 엉덩이를 의자 뒤쪽에 붙여 □□ 를 곧게 펴고 앉아야 한다.

(2) 눈의 □□ 은 눈알이 잘 움직이도록 돕는다.

(3) 작은 물고기들이 □□ 에서 헤엄을 치고 있다.

3단계　다음 뜻에 알맞은 낱말을 빈칸에 넣어 십자말풀이를 하세요.

(1) 물이 흐르는 힘.

(2) 물에서 아가미로 호흡하며 사는 척추동물.

(3) 일정한 모양과 기능을 가진 생물체의 부분.

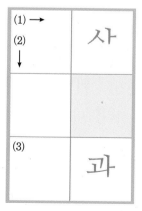

⊙ 너랑 나는 <u>틀려</u>.   ⓒ 너랑 나는 <u>달라</u>.

[가] 어떤 문장이 옳을까요? 둘 다 옳은 문장입니다. 하지만 밑줄 친 낱말이 다른 만큼 문장의 뜻도 다릅니다. ⊙은 '너와 내가 둘 다 답을 맞히지 못함'을, ⓒ은 '너와 내가 같지 않음'을 뜻합니다. 즉 '틀림'은 '맞지 않음'이고, '다름'은 '같지 않음'입니다. 그런데 가끔 이 둘을 잘못 사용하는 사람을 볼 수 있습니다.

[나] 이제껏 종교가 다르다는 까닭으로 수많은 전쟁이 일어났습니다. 상대방의 종교를 **무시**하고 자신이 믿는 종교만 옳다는 생각이 전쟁까지 이끌었습니다. 안타깝게도 이런 일은 현대에도 종종 일어나고 있습니다. 심지어 같은 종교인 사이에서도 믿음에 차이가 생겨 다투기도 합니다. 종교를 믿는 방법이 서로 틀리다고 생각하기 때문입니다.

[다] 요즘에는 우리나라에도 **국적**이나 피부색이 다른 사람이 많이 삽니다. 그런데 아직까지도 그 사람들을 무시하고 **차별**하는 모습을 쉽게 볼 수 있습니다. 외국인이니까 험한 일을 시켜도 되고, 피부색이 다르니까 **막말**을 해도 된다는 생각으로 벌어지는 일입니다. 하지만 그들은 국적과 피부색이 다를 뿐, 모두 같은 사람입니다.

[라] 우리나라는 수없이 **외침**을 받았지만, 그때마다 겨레가 똘똘 뭉쳐 위기를 슬기롭게 극복하였습니다. 그런데 요즘 지역을 나누어 '틀림'을 말하는 사람들이 있습니다. 남과 북을 나누고, 동과 서를 구별하여 서로 **비난**하거나 공격하기도 합니다.

[마] 학교에서도 ⓒ 이런 일이 벌어지고 있습니다. 그 친구가 뚱뚱해서, 지저분해서, 의견이나 성격이 나와 달라서, 이렇게 다양한 까닭으로 틀리다고 생각하여 친구를 무시합니다. 심지어 여럿이 한두 명을 집단으로 따돌리기도 합니다.

[바] '다름'과 '틀림'은 같지 않습니다. 사람마다 생김새가 다르듯 종교, 나라, 피부색, 말투 등도 다를 수 있습니다. 생각, 성격, 습관 등도 마찬가지입니다. 상대와의 차이를 인정하고 서로 존중해야 합니다.

무시 사람을 깔보거나 하찮게 여김. 無 무시할 무 視 볼 시　**국적** 사람이 국민으로 속해 있는 나라. 國 나라 국 籍 문서 적　**차별** 차이를 두어 구별함. 差 다를 차 別 나눌 별　**막말** 나오는 대로 함부로 하거나 천하게 하는 말.　**외침** 다른 나라나 외부로부터의 침입. 外 밖 외 侵 침범할 침　**비난** 남의 잘못이나 부족한 점을 나무라며 나쁘게 말함. 非 헐뜯을 비 難 나무랄 난

1

주제

이 글의 중심 생각으로 가장 어울리는 것을 고르세요.

① '틀림'과 '다름'의 차이점.

② 문장을 바르게 쓰는 방법.

③ 전쟁의 역사.

④ 상대와의 차이를 인정하고 서로 존중하자.

⑤ 친구를 따돌리지 말자.

2

어휘

빈칸에 들어갈 낱말을 바르게 연결하세요.

(1) '1 + 1 = 3'은 [   ].　•

•　㉠ 다르다

(2) 오빠와 나는 학년이 [   ].　•

•　㉡ 틀리다

3

내용
파악

다음은 상대를 무시하는 이유입니다. 이 글에 실리지 <u>않은</u> 것을 찾으세요.

① 종교가 달라서.　　② 피부색이 달라서.

③ 사는 지역이 달라서.　　④ 의견이 달라서.

⑤ 성별이 달라서.

4

내용
파악

이 글의 ㉢은 어떤 일인가요?

① 외침을 받는 일.　　② 차이를 인정하지 않고 상대를 공격하는 일.

③ 막말을 하는 일.　　④ 똘똘 뭉치는 일.

⑤ 남과 북, 동과 서를 나누는 일.

5 이 글의 내용과 <u>다른</u> 것을 찾으세요.

내용
파악

① 같은 종교인끼리는 똘똘 뭉쳐 싸우지 않는다.

② 사람들이 믿는 종교가 달라 전쟁이 일어나기도 했다.

③ 우리나라는 수없이 외침을 받았다.

④ 우리나라 사람들은 지역을 나누어 서로 무시하기도 한다.

⑤ 학교에서 친구들을 따돌리는 일도 있다.

6 다음 글은 [가] ~ [바] 가운데 어느 부분과 가장 어울리나요?

적용

방글라데시에서 온 ㄱ 씨는 올봄에 우리나라의 가구 공장에 취업했습니다. 가구 공장에 취업하기 전까지 열 군데나 면접을 보았지만 모두 거절당했습니다. 어렵게 취업한 가구 공장에서도 다른 직원들과는 다른 대접을 받았습니다. 한국인 직원보다 일은 더 많이 했지만 월급은 훨씬 적게 받았습니다.

7 다음은 학교에서 벌어진 일입니다. 차별이나 무시가 드러나지 <u>않은</u> 상황을 찾으세요.

적용

① 민재는 공기놀이를 하고 싶었다. 하지만 여자아이들은 남자와는 공기놀이를 하지 않는다며 같이 놀지 않았다.

② 정훈이는 피부병에 걸려 자주 몸을 긁는다. 옮는 병이 아니라고 몇 번을 말했지만, 짝꿍 수영이는 정훈이에게 학교에 나오지 말라고 말했다.

③ 현수네 반은 키 순서대로 번호를 정하기로 했다. 현수는 7번이 되고 싶었지만 키가 커서 15번이 되었다.

④ 민정이는 지난주에 전라도에서 경기도로 전학을 했다. 그런데 친구들은 민정이가 사투리를 쓴다며 비웃었다.

⑤ 윤주네 반은 부모님과 함께하는 수업을 실시했다. 친구들은 윤주 어머니가 외국인이라는 것을 안 뒤에 윤주와 어울리지 않으려고 했다.

어휘력 기르기

9 문제 가운데 (　　　) 문제 맞힘

1단계　다음 낱말의 뜻을 찾아 선으로 이으세요.

(1) 차별 ●

(2) 무시 ●

(3) 막말 ●

● ㉠ 나오는 대로 함부로 하거나 천하게 하는 말.

● ㉡ 사람을 깔보거나 하찮게 여김.

● ㉢ 차이를 두어 구별함.

2단계　위에서 배운 낱말을 빈칸에 넣어 문장을 완성하세요.

(1) 장애인과 비장애인을 ☐☐ 해서는 안 된다.

(2) 화가 난다고 친구에게 ☐☐ 을 퍼부으면 나중에 반드시 후회한다.

(3) 자신보다 강한 사람을 존중하고, 자신보다 약한 사람을 ☐☐ 하면 안 된다.

3단계　다음 뜻에 알맞은 낱말을 빈칸에 넣어 십자말풀이를 하세요.

(1) 사람이 국민으로 속해 있는 나라.

(2) 나라의 안과 밖을 아울러 이르는 말.

(3) 다른 나라나 외부로부터의 침입.

(1) →	
(2) ↓	
내	
(3)	

늙은 잠자리

방정환

수수나무 **마나님**
좋은 마나님
오늘 저녁 하루만
재워 주셔요.
아니 아니 안 돼요.
무서워서요.
㉠ 당신 눈이 무서워
못 재웁니다.

잠 잘 곳이 없어서
늙은 잠자리
바지랑대 갈퀴에
혼자 앉아서
추운 바람 서러워
한숨 짓는데
감나무 마른 잎이
떨어집니다.

수수 높이가 2미터 정도 되는 풀. 열매는 곡식으로 먹거나 엿, 과자, 술, 떡의 원료로 쓰고, 줄기는 빗자루나 집을 만드는 데에 쓴다. 수수는 원래 한 해만 살고 죽는 풀이지만 여기서는 나무로 표현하였다.　**마나님** 나이가 많은 부인을 높여 이르는 말.　**바지랑대** 빨랫줄을 받치는 긴 막대기.　**갈퀴** '갈고리(끝이 뾰족하고 고부라진 물건)'의 방언.

---

1 ㉠은 누구인가요?

내용
파악

☐

2 이 시의 특징을 정리하였습니다. <u>틀린</u> 것을 찾으세요.

내용
파악

① 전체가 2연 16행이다.

② 수수나무와 잠자리를 사람처럼 나타냈다.

③ 1연은 잠자리가 부탁하고 수수나무가 대답하는 형식이다.

④ 1연과 2연을 통해 수수나무와 감나무의 차이점을 나타낸다.

⑤ 홀수 행은 일곱 글자, 짝수 행은 다섯 글자를 이루어 리듬감을 만든다.

3 잠자리가 어디에 앉았나요?

내용
파악

① 수수나무　　　　　　　② 마나님

③ 바지랑대　　　　　　　④ 감나무 잎

⑤ 감나무

4 이 시의 주제와 관련하여 느낌을 가장 잘 나타낸 사람을 찾으세요.

감상

① 지후: 잠자리 눈이 무섭게 생겼나 봐. 다음에 자세히 살펴보아야겠어.

② 서현: 잠자리가 무척 쓸쓸해 보여. 누구도 잠자리를 반겨 주지 않잖아.

③ 준수: 잠자리 때문에 수수나무가 무척 겁을 먹은 모양이야. 수수나무가 불쌍해.

④ 윤정: 그러기에 평소에 친구들에게 잘했어야지. 아무도 잠자리를 좋아하지 않잖아.

⑤ 은지: 감나무도 잠자리가 근처에 오는 게 싫어서 마른 잎을 떨어뜨렸나 봐.

5 수수나무가 잠자리를 재워 주지 않은 까닭을 쓰세요.

```

```

6 다음 중 잠자리 눈을 찾으세요.

①  ②  ③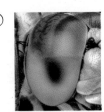

7 다음 낱말에 알맞은 그림을 찾아 선으로 바르게 이으세요.

(1) 수수	(2) 바지랑대	(3) 감나무
•	•	•

•
 ㉠
  ｜ •
 ㉡
  ｜ •
 ㉢

1단계   다음 낱말들의 뜻을 찾아 선으로 이으세요.

(1) 마나님 •

(2) 바지랑대 •

(3) 갈퀴 •

• ㉠ '갈고리(끝이 뾰족하고 고부라진 물건)'의 방언.

• ㉡ 나이가 많은 부인을 높여 이르는 말.

• ㉢ 빨랫줄을 받치는 긴 막대기.

2단계   위에서 배운 낱말을 빈칸에 넣어 문장을 완성하세요.

(1) [   ] 들이 모여 그림을 감상하고 있다.

(2) 삼촌은 [   ] 로 커다란 물고기를 찍어서 들어올리셨다.

(3) [   ] 가 쓰러져 빨래가 모두 바닥에 떨어졌다.

3단계   다음 설명을 읽고, 빈칸에 알맞은 낱말을 쓰세요.

> '돼'는 '되어'를 줄여 쓴 말입니다. 즉 '되어요, 되었어요'는 '돼요, 됐어요'로 쓸 수 있습니다. 하지만 '되지, 되면'은 '되어지, 되어면'으로 적지 않으므로, '돼지, 돼면'으로 쓸 수 없습니다.

(1) 찻길 주변에서 공놀이를 하면 안 [   ] [요] .

(2) 민주야, 나 이거 먹어도 [   ] [지] ?

나는 네 형제 중에서 막내예요. 우리 형제는 모두 말타기를 좋아해요.

우리 집에는 말이 여러 마리 있어요. 그중에 우리가 탈 수 있는 말은 가장 늙은 보로크뿐이에요. 보로크는 다른 말에 비해 사납지 않고 얌전하거든요.

어느 날, 어머니께 말을 타도 좋다는 허락을 받고 우리는 **마구간**으로 달려갔어요.

"**도련님**, 조심히 오르세요."

마부 아저씨께서 제일 큰형을 말에 앉혀 주셨어요. 큰형은 보로크를 발로 차고 **채찍**으로 때리면서 신나게 달렸어요.

큰형이 돌아오자마자 둘째 형이 서둘러 말에 올랐어요. 둘째 형도 보로크를 발로 차고 채찍으로 때렸어요. 저 멀리 언덕까지 갔다가 돌아온 둘째 형은 말을 더 타고 싶어 했어요. 하지만 셋째 형이 **재촉하는** 바람에 말에서 내려야 했어요.

형들이 말을 타고 달리는 모습을 보니 나는 마음이 급해졌어요. 하지만 셋째 형이 돌아올 때까지 꾹 참았어요. 그런데 셋째 형이 돌아왔을 때, 보로크는 이미 지쳐 보였어요. 온몸이 땀으로 범벅이 되어 거칠게 숨을 쉬고 있었어요.

나는 얼른 보로크의 등에 올라탔어요. 신나게 달릴 마음의 준비를 하고 채찍을 힘껏 내리쳤어요. 그런데 보로크는 달리지 않고 비틀거리며 천천히 걸을 뿐이었어요.

"아니, 왜 그러는 거야. 어서 달려야지!"

나는 속이 상해서 보로크를 더 세게 때렸어요. 하지만 보로크는 "히이이잉" 하고 소리를 지르며 뒷걸음질을 쳤어요.

㉠ "아저씨, 더 튼튼한 채찍을 주세요. 이 채찍으로는 보로크가 말을 듣지 않아요."

아저씨는 저를 보며 **절레절레** 고개를 저었어요.

"도련님, 이제 내리셔야겠어요. 보로크가 너무 힘들어하네요."

"안 돼요! 저는 아직 말을 못 탔단 말이에요. 아저씨, 이 말을 좀 달리게 해 보세요."

"도련님, 보로크는 스무 살이에요. 늙은 말이죠. 사람으로 치면 할아버지랍니다. 지금 너무 힘들어서 비틀거리며 뒷걸음질 치는 거예요. 간신히 숨을 쉴 뿐이랍니다."

나는 아저씨의 말에 피멘 할아버지가 떠올랐어요. 피멘 할아버지는 우리 동네에서 가장 나이가 많아요. 얼굴은 주름투성이에다 등이 **굽어서** 제대로 걷지도 못해요.

그제야 보로크가 무척 괴로웠을 것이라는 생각이 들었어요. 나는 말에서 내려 힘겹게 숨 쉬고 있는 보로크에게 다가갔어요. 그러고는 보로크의 **갈기**를 쓰다듬으며 말했어요.

"보로크야,   ⓛ   "

– 톨스토이, 〈늙은 말〉

마구간 말을 기르는 곳. 馬 말 마 廐 마구간 구 間 사이 간   **도련님** 도령(결혼하지 않은 남자)을 높여 부르는 말.   **마부** 말을 움직이게 해 마차나 수레를 모는 사람. 馬 말 마 夫 일꾼 부   **채찍** 소나 말을 때려서 모는 데 쓰는 도구.   **재촉하는** 어떤 일을 빨리하도록 조르는.   **절레절레** 머리를 옆으로 자꾸 흔드는 모양.   **굽어서** 한쪽으로 휘어서.   **갈기** 말이나 사자 따위의 목 뒤쪽과 그 근처에 난 긴 털.

1

인물

이 글에 등장하지 <u>않는</u> 인물은 누구인가요?

① 보로크   ② 마부   ③ 피멘 할아버지

④ 아버지   ⑤ 네 형제

2

내용
파악

형제들은 왜 보로크를 탈 수밖에 없었나요?

① 다른 말보다 튼튼해서.

② 다른 말보다 얌전해서.

③ 형제들이 보로크만 좋아해서.

④ 다른 말은 타 본 적이 없어서.

⑤ 어머니께서 보로크만 타라고 하셔서.

3

추론

㉠에서 알 수 있는 '나'의 마음 상태를 고르세요.

① 기쁨   ② 슬픔   ③ 짜증

④ 설렘   ⑤ 뿌듯함

4

보로크와 피멘 할아버지의 공통점은 무엇인가요?

① 늙었다.　　　② 등이 굽었다.　　　③ 병이 들었다.

④ 주름이 많다.　　　⑤ 잘 걷지 못한다.

5

'나'가 탔을 때, 보로크가 달리지 않고 뒷걸음질 친 까닭은 무엇인가요?

① 졸려서.　　　　　　　　　　② 힘들어서.

③ 다리를 다쳐서.　　　　　　　④ 채찍을 맞아 아파서.

⑤ '나'의 말을 듣지 않으려고.

6

ⓒ에 들어갈 말로 알맞지 않은 것을 고르세요.

① 많이 아팠지? 채찍으로 때려서 정말 미안해.

② 괴롭혀서 미안해. 우리를 용서해 주렴.

③ 오늘은 못 탔으니까 내일은 나 혼자 실컷 탈 거야. 각오해.

④ 앞으로는 힘들게 하지 않을게. 어서 기운을 차리렴.

⑤ 나만 생각하고 네 입장은 전혀 생각하지 못했어. 정말 미안해.

7

이 글과 어울리지 않는 말을 한 사람은 누구인가요?

① 서영: 쉬지도 못하고 계속 달려야 했던 보로크는 얼마나 힘들었을까?

② 재민: 동물도 사람처럼 늙고 병이 들어. 그러니까 함부로 대하면 안 돼.

③ 유경: 보로크를 이해해 주는 마부 아저씨의 마음이 따뜻하게 느껴졌어.

④ 은석: 늙은 말은 오래 달릴 수 없어. 그래서 젊고 튼튼한 말을 골라서 타야 해.

⑤ 진주: 내가 즐겁고 행복하자고 동물을 함부로 대하면 안 될 것 같아.

1단계   다음 낱말의 뜻을 찾아 줄로 이으세요.

(1) 마부 ●

(2) 갈기 ●

(3) 재촉 ●

● ㉠ 어떤 일을 빨리하도록 조름.

● ㉡ 말을 움직이게 해 마차나 수레를 모는 사람.

● ㉢ 말이나 사자 따위의 목 뒤쪽과 그 근처에 난 긴 털.

2단계   위에서 배운 낱말을 빈칸에 넣어 문장을 완성하세요.

(1) ☐☐ 는 수레에 짐을 싣고 길을 떠났다.

(2) 사자 한 마리가 ☐☐ 를 휘날리며 사슴에게 달려갔다.

(3) 동생은 빨리 가자며 나를 ☐☐ 했다.

3단계   밑줄 친 낱말을 맞춤법에 맞게 고쳐 쓰세요.

(1) 수정이는 동생을 의자에 <u>앉쳐</u> 주었다. ☐☐

(2) 나는 우리 집에서 <u>세째</u> 아들이다. ☐☐

(3) 우리 형은 <u>수무</u> 살이다. ☐☐

↑ 춤추는 아이 (국립 중앙 박물관 소장)

전통 **회화**에는 수묵화, 수묵 담채화, 채색화가 있습니다.

수묵화는 색을 칠하지 않고 **먹**으로만 그린 그림입니다. **화선지** 위에 먹의 **농담**과 번짐, 먹선의 굵기 등을 이용해 **생동감**을 나타냅니다. 수묵 담채화는 먹의 농담으로 그린 뒤 색을 엷게 칠한 그림입니다. 채색화는 여러 색을 진하게 칠하는, **채색** 위주의 그림입니다.

이 그림은 조선 시대의 **풍속 화가** 김홍도가 그린 '춤추는 아이'입니다. 먹으로 그린 다음 엷게 색칠한 수묵 담채화입니다.

둥글게 둘러앉은 **악사**들 사이에서 아이가 춤을 추고 있습니다. 춤과 연주가 함께 어우러지는 모습을 표현하기 위해, 아이를 중심으로 악사들을 둥글게 **배치**하였습니다. 춤추는 아이의 얼굴에 번진 미소와 몸에 두른 끈이 휘날리는 모습에서 흥겨움과 **율동감**을 느낄 수 있습니다. 악사들은 왼쪽부터 '북, 장구, 피리(2개), 대금, 해금'을 연주하고 있습니다. 이 여섯 악기를 '삼현육각'이라고 합니다.

회화 선이나 색채로 어떤 모습을 그리는 예술. 繪 그림 회 畵 그림 화 ⑪ 그림   **먹** 벼루에 물을 붓고 갈아서 글씨를 쓰거나 그림을 그릴 때 사용하는 검은 물감.   **화선지** 붓글씨나 동양화를 그릴 때 쓰는 종이. 畵 그림 화 宣 쓸 선 紙 종이 지   **농담** 빛깔의 짙고 옅은 정도. 濃 짙을 농 淡 묽을 담   **생동감** 살아 움직이는 듯한 느낌. 生 날 생 動 움직일 동 感 느낄 감   **채색** 그림 따위에 색을 칠하는 것. 彩 채색 채 色 빛 색   **풍속 화가** 한 시대 사람들의 풍습, 일상생활의 모습을 전문적으로 그린 사람. 風 풍속 풍 俗 풍속 속 畵 그림 화 家 전문가 가   **악사** 악기로 음악을 연주하는 사람. 樂 음악 악 士 선비 사   **배치** 사람이나 물건을 일정한 자리에 나누어 둠. 配 나눌 배 置 둘 치   **율동감** 일정한 규칙을 가지고 반복적으로 몸을 움직이는 데에서 생기는 가볍고 경쾌한 느낌. 律 가락 율 動 움직일 동 感 느낄 감

1

배경 지식

이 그림에는 그 시대 사람들의 생활 모습과 풍습이 담겨 있습니다. 이런 그림을 무엇이라고 할까요?

① 수채화　　　　　　② 판화　　　　　　　③ 수묵화

④ 추상화　　　　　　⑤ 풍속화

2

내용 파악

이 그림을 그린 화가는 누구인가요?

3

내용 파악

'삼현 육각'에 속하지 <u>않는</u> 악기는 무엇인가요?

① 징　　　　　　　　② 북　　　　　　　　③ 장구

④ 피리　　　　　　　⑤ 대금

4 앞 그림에 대한 설명으로 바르지 <u>않은</u> 것을 고르세요.

내용
파악

① 종이에 먹으로 그리고 옅게 채색했다.

② 먹을 썼지만 채색이 위주가 되는 그림이다.

③ 춤추는 아이를 중심으로 악사들을 둥글게 배치하였다.

④ 춤추는 아이의 표정에서 흥겨움이 느껴진다.

⑤ 춤추는 아이의 옷자락을 굵은 선으로 표현했다.

5 전통 회화는 수묵화, 수묵 담채화, 채색화로 나뉩니다. 그림에 알맞은 전통 회화의 종류를 쓰세요.

적용

(1)

(2)

(3)

6 다음은 '문방사우'에 대한 설명입니다. 괄호 안에 들어갈 물건끼리 바르게 짝지어진 것을 고르세요.

배경
지식

> 수묵화를 그리거나 붓글씨를 쓰려면 여러 재료가 필요합니다. 그중에서 '종이, (   ),
>
> (   ), 먹' 네 가지는 친구처럼 가까이하라는 뜻으로 '문방사우'라고 부릅니다.

① 붓, 물   ② 붓, 벼루   ③ 벼루, 물

④ 물, 물통   ⑤ 붓, 서진

* **벼루** 먹을 가는 데에 쓰는 물건.　* **서진** 책장이나 종이가 바람에 날리지 않도록 눌러두는 물건.

9 문제 가운데 (   ) 문제 맞힘

1단계 **다음 낱말의 뜻을 찾아 선으로 이으세요.**

(1) 악사 •   • ㉠ 그림 따위에 색을 칠하는 것.

(2) 농담 •   • ㉡ 악기로 음악을 연주하는 사람.

(3) 채색 •   • ㉢ 빛깔의 짙고 옅음.

2단계 **위에서 배운 낱말을 빈칸에 넣어 문장을 완성하세요.**

(1) 수묵화는 먹의 [   ][   ] 을 이용하여 그린 그림이다.

(2) 수지는 먹으로 그림을 그리고 나서 물감으로 [   ][   ] 을 했다.

(3) 가야금을 만든 우륵은 궁중(궁궐 안)의 [   ][   ] 였다.

3단계 **설명을 읽고, 알맞은 낱말을 찾아 쓰세요.**

> -화(畵): '그림'의 뜻을 나타내는 말. **예** 정물화, 수묵화, 수채화

(1) 물감을 물에 풀어서 그린 그림.

_____

(2) 색을 칠하지 않고 먹물로만 그린 그림.

_____

(3) 과일, 꽃 등 스스로 움직이지 못하는 물체들을 놓고 그린 그림.

_____

사람은 귀로 소리를 듣습니다. **귓바퀴**가 소리를 모아 귓구멍으로 보내면 소리는 **고막**을 울립니다. 고막은 **귓속뼈**를 통해 소리의 **진동**을 **달팽이관**으로 전달합니다. 달팽이관 안에 있는 **청신경**은 그 **자극**을 뇌에 보내어 소리를 느끼게 합니다. 그런데 멀리서 발생한 소리는 귀까지 어떻게 전달될까요?

소리는 물질이 떨려 생겨납니다. 그 떨림은 주위의 물질을 떨리게 하여 소리를 전달합니다. 소리를 전달하는 대표적인 물질은 기체, 즉 공기입니다. 물질이 떨려 소리가 발생하면, 그 떨림이 공기를 울립니다. 그 공기의 떨림이 우리 귀까지 **도달**하면 그 소리가 우리 귀에 들립니다. 이 현상을 혼자서도 잘 느낄 수 있는 것이 메아리입니다. 산에 올라가 소리를 크게 지르면, 목에서 발생한 떨림이 공기를 진동시킵니다. 그 공기의 떨림이 반대쪽에 있는 산에 부딪혀 자신 쪽으로 되돌아와 들리는 소리가 메아리입니다. **이어폰**은 공기의 진동을 통해 소리를 듣게 하는 기계입니다. 귀 안에서 울리기 때문에 공기와 관련이 없을 것 같지만, 사실은 이어폰 안의 스피커에서 발생한 진동이 귀 안의 공기를 울려 소리를 듣게 합니다.

소리를 전달하는 물질은 기체만이 아닙니다. 액체의 소리 전달 속도는 오히려 기체보다 더 **빠릅**니다. 물속에서 사는 동물들도 소리를 전하고 들으며 **의사소통**합니다. 이 가운데 가장 잘 알려진 동물이 고래입니다. 고래는 바닷속에서 독특한 소리를 내어 다른 고래에게 정보를 전달합니다. 사람도 물속에서 소리를 들을 수 있습니다. **수중 발레** 선수들은 물속 스피커에서 나오는 음악에 맞추어 물속에서 춤을 추고, 연기합니다.

고체는 기체나 액체보다 훨씬 빠르게 소리를 전달합니다. 물의 소리 전달 속도가 공기의 네 배 정도라면, 쇠는 약 열다섯 배입니다. 우리는 종이컵에 실을 달아서 전화를 만들어 놀고는 합니다. 종이컵에 말을 하면 진동이 팽팽한 실을 타고 상대방의 종이컵에 전달되어 상대방이 그 말을 들을 수 있습니다. 또 귓구멍에 넣지 않아도 소리를 들려 주는 이어폰이 있습니다. **뼈 전도** 이어폰이라는 것인데, 귓속 공기를 울려 소리를 전하는 것이 아니라, 귀 옆의 머리**뼈**를 통해 소리를 전달하는 장치입니다. 따라서 **뼈** 전도 이어폰을 사용하면 고막을 다친 사람도 소리를 들을 수 있습니다.

귓바퀴 귀 바깥쪽에 드러난 부분. 밖에서 들려오는 소리를 모아 귓구멍으로 들어가기 쉽게 한다. **고막** 귓구멍 안쪽에 있는 막. 공기의 진동을 안으로 전달하여 들을 수 있게 한다. 鼓 두드릴 고 膜 막 막 **귓속뼈** 귓속에 있는 세 개의 작은 뼈. 고막의 진동을 안으로 전달한다. **진동** 흔들려 움직임. 振 떨 진 動 움직일 동 **달팽이관** 포유류의 귀 안쪽에 있는 달팽이 모양의 관. 소리의 진동을 청신경에 전달한다. **청신경** 소리와 균형 감각을 맡은 신경(우리 몸 각 부분과 뇌를 연결하는 조직). 聽 들을 청 神 정신 신 經 지날 경 **자극** 어떤 반응을 일으키는 작용. 刺 찌를 자 戟 찌를 극 **도달** 목적한 곳이나 수준에 이름. 到 이를 도 達 이를 달 **이어폰** 귀에 대거나 끼워 소리를 듣게 하는 장치. earphone **의사소통** 생각이나 뜻이 서로 통함. 意 뜻 의 思 생각 사 疏 소통할 소 通 통할 통 **수중 발레** 한 명 이상이 음악에 맞추어 헤엄치면서 기술과 표현의 아름다움을 겨루는 경기. 水 물 수 中 가운데 중 ballet ❹ 싱크로나이즈드 스위밍 **뼈 전도** 진동이 공기를 통하지 않고 뼈에서 직접 속귀로 전달되어 들리는 일. 傳 전할 전 導 통할 도

---

1 이 글의 제목으로 가장 알맞은 것을 고르세요.

제목

① 귀의 구조　　　② 소리 전달 과정　　　③ 물질의 진동

④ 이어폰의 종류　　　⑤ 뼈 전도 이어폰의 원리

2 '공기, 물, 쇠' 가운데 소리 전달 속도가 빠른 것부터 순서대로 쓰세요.

내용
파악

가장 빠름 [　　　] → [　　　] → [　　　] 가장 느림

3 다음 중 이 글의 내용과 다른 것을 찾으세요.

내용
파악

① 소리는 물질이 떨려 생긴다.

② 기체뿐 아니라 액체와 고체도 소리를 전달한다.

③ 고래는 물속에서 소리를 내어 정보를 전달한다.

④ 소리는 산 같은 물체에 부딪혀 되돌아오기도 한다.

⑤ 모든 이어폰은 귀 안에서 공기를 진동하여 소리를 전달한다.

4 다음 중 귓속에 있는 기관이 <u>아닌</u> 것을 찾으세요.

① 귓바퀴   ② 고막   ③ 귓속뼈

④ 달팽이관   ⑤ 청신경

5 소리 전달 물질과 그것을 이용한 예를 바르게 짝지으세요.

(1) 기체 •   • ㉠

(2) 액체 •   • ㉡

(3) 고체 •   • ㉢

6 실 전화기를 통해 자신의 말이 친구에게 전해지는 과정을 순서대로 쓰세요.

① 내 입에서 소리가 나온다.

② 실이 떨린다.

③ 내 종이컵 안의 공기가 떨린다.

④ 친구 종이컵 안의 공기가 떨린다.

⑤ 친구의 귀에 소리가 전달된다.

① → ☐ → ☐ → ☐ → ⑤

1단계   다음 낱말의 뜻을 찾아 선으로 이으세요.

(1) 진동 •
                 • ㉠ 흔들려 움직임.

(2) 자극 •
                 • ㉡ 목적한 곳이나 수준에 이름.

(3) 도달 •
                 • ㉢ 어떤 반응을 일으키는 작용.

2단계   위에서 배운 낱말을 빈칸에 넣어 문장을 완성하세요.

(1) 우리는 고통을 참고 끝까지 걸어서 산꼭대기에 ⬚⬚ 했다.

(2) 복어라는 물고기에게 ⬚⬚ 을 주면 복어는 몸을 부풀린다.

(3) 우리 차는 낡아서 ⬚⬚ 이 매우 심하다.

3단계   다음 설명을 읽고, 빈칸에 알맞은 낱말을 쓰세요.

中 가운데 **중**	공중: 하늘과 땅 사이의 빈 곳.
	수중: 물 가운데. 물속.

(1) 바다를 연구하시는 삼촌께서 내일부터 ⬚⬚ 을 조사하신다.

(2) 동생이 놓친 풍선이 ⬚⬚ 으로 날아가 버렸다.

8주
―
37회

유관순은 1902년 12월 16일, 충청남도 천안에서 태어났습니다. 유관순의 아버지 유중권은 교육을 매우 중요하게 여겼습니다. 유중권은, 일본이 **점령**하고 있던 우리나라를 **자주독립**으로 이끌 것은 '**계몽**'이라고 생각했습니다. 유관순은 이런 아버지의 영향을 받으며 성장했습니다.

1916년, 유관순은 천안을 떠나 서울의 이화학당으로 전학했습니다. 3년이 흐른 1919년 3월 1일, 전국적으로 3·1 독립 만세 운동이 일어났습니다. 만세 운동에 참여한 사람들은 학생들에게 함께해 달라고 부탁했습니다. 선생님들은 말렸지만, 유관순은 친구 넷과 몰래 담을 넘어 사람들과 함께 '대한 독립 만세'를 크게 외쳤습니다.

시간이 흘러도 만세 운동의 **열기**는 식지 않았습니다. 유관순도 만세 운동에 꾸준히 참여했습니다. 3월 5일에는 남대문 앞에서 벌어진 만세 운동에 참여했다가 일본 경찰에 붙잡히고 말았습니다. 그래도 다행히 학교에서 노력해 주어 금방 풀려날 수 있었습니다.

날이 갈수록 만세 운동이 **확산**하자 학교도 잠시 문을 닫았습니다. 그래서 유관순도 잠시 고향에

내려가 있기로 했습니다. 유관순은 천안에 내려가 서울에서 일어난 만세 운동 소식을 사람들에게 전했습니다. 그리고 4월 1일에 주민들과 함께 만세 운동을 일으키기로 뜻을 모았습니다.

드디어 4월 1일, 천안 주민 수천 명이 거리로 나와 '대한 독립 만세'를 외쳤습니다. 일본은 군인들을 **동원**해 이를 막으려 했습니다. 그래서 많은 사람이 죽고 다쳤습니다. 유관순의 부모님도 그날 세상을 떠났습니다. 유관순은 만세 운동의 **주동자**로 붙잡혀 교도소에 **수감**된 뒤 재판에 넘겨졌습니다.

"내 나라를 되찾으려고 정당한 일을 했을 뿐인데 어째서 무기를 사용하여 내 겨레를 죽입니까?"

유관순은 **징역** 3년을 받고 감옥에 갇혔습니다.

1920년 3월 1일, 감옥 안에서도 유관순은 수감자들과 대한 독립 만세를 외쳤습니다. 이 일로 심한 **고문**을 받다가 그해 9월 28일에 감옥에서 ㉠눈을 감았습니다.

점령 어느 나라가 다른 나라에 들어가 그 지역을 지배함. 占 차지할 점 領 다스릴 령　**자주독립** 다른 나라의 간섭을 받거나 다른 나라에 의존하지 않고 스스로 존재함. 自 스스로 자 主 주인 주 獨 홀로 독 立 설 립 **계몽** 가르쳐서 깨우침. 啓 일깨울 계 蒙 어리석을 몽　**열기** 뜨거운 기운. 熱 더울 열 氣 기운 기　**확산** 흩어져 널리 퍼짐. 擴 넓힐 확 散 흩어질 산　**동원** 어떤 목적을 달성하려고 사람이나 물건 등을 모음. 動 움직일 동 員 사람 원　**주동자** 어떤 일에 중심이 되어 행동한 사람. 主 주체 주 動 움직일 동 者 사람 자　**수감** 사람을 감옥에 가두어 넣음. 收 거둘 수 監 감옥 감　**징역** 죄인을 감옥에 가두고 일을 시키는 벌. 懲 벌줄 징 役 부릴 역　**고문** 숨기고 있는 사실을 강제로 알아내기 위하여 몸이나 정신에 고통을 주어 물음. 拷 때릴 고 問 물을 문

---

1 이 글의 목적으로 올바른 것을 고르세요.

주제

① 자주독립의 중요성을 주장하기 위해서.

② 우리나라가 일본으로부터 독립한 과정을 설명하기 위해서.

③ 유관순이 태어난 곳을 소개하기 위해서.

④ 유관순의 생애를 알리기 위해서.

⑤ 유관순이 다녔던 이화학당을 소개하기 위해서.

2 유관순이 이화학당 학생으로 3.1 독립 만세 운동에 참여한 해는 언제인가요?

내용
파악

[　　　　　　　　　　　] 년

3 유관순의 아버지는 어떤 사람이었나요? 빈칸에 알맞은 낱말을 쓰세요.

내용
파악

유관순의 아버지 유중권은 (1) [　][　] 을 매우 중요하게 여겼다. 일본이 점령

하고 있던 우리나라를 자주독립으로 이끌 것은 (2) [　][　] 이라고 생각했다.

4 이 글에 담기지 <u>않은</u> 내용을 고르세요.

내용
파악

① 유관순이 태어난 곳.

② 유관순 어머니의 직업.

③ 유관순이 서울에서 다녔던 학교의 이름.

④ 유관순의 부모님이 세상을 떠난 날짜.

⑤ 유관순이 세상을 떠난 해.

5 다음을 읽고 일이 일어난 순서를 바르게 나타낸 것을 고르세요.

줄거리

> (가) 징역 3년을 받고 감옥에 갇혀 있다가 심한 고문을 받고 눈을 감았다.
>
> (나) 고향으로 내려가 주민들과 함께 만세 운동을 일으켰다.
>
> (다) 천안을 떠나 서울의 이화학당으로 전학했다.
>
> (라) 남대문 앞에서 벌어진 만세 운동에 참여했다가 일본 경찰에 붙잡혔으나 풀려났다.
>
> (마) 친구 넷과 함께 3·1 독립 만세 운동에 참여하여 '대한 독립 만세'를 외쳤다.

① (가) → (다) → (마) → (라) → (나)

② (나) → (다) → (라) → (마) → (가)

③ (나) → (마) → (라) → (다) → (가)

④ (다) → (마) → (라) → (나) → (가)

⑤ (다) → (라) → (나) → (마) → (가)

6 ㉠과 같은 뜻의 표현이 <u>아닌</u> 것을 찾으세요.

표현

① 숨을 거두었습니다.　　② 목숨을 잃었습니다.　　③ 앞을 못 보게 되었습니다.

④ 영원히 잠들었습니다.　　⑤ 세상을 떠났습니다.

1단계   다음 낱말들의 뜻을 바르게 이으세요.

(1) 확산 •　　　　　　　　　• ㉠ 흩어져 널리 퍼짐.

(2) 동원 •　　　　　　　　　• ㉡ 죄인을 감옥에 가두고 일을 시키는 벌.

(3) 징역 •　　　　　　　　　• ㉢ 어떤 목적을 달성하려고 사람이나 물건 등을 모음.

2단계   다음 글의 빈칸에 알맞은 낱말을 위에서 찾아 쓰세요.

(1) 날씨가 건조해서 산불이 쉽게 ☐☐ 되었다.

(2) 그는 물건을 훔쳐 ☐☐ 형을 받았다.

(3) 전쟁이 터지자 왕은 청년들을 모두 군대로 ☐☐ 하였다.

3단계   다음은 '자주'에 대한 설명입니다. 밑줄 친 부분의 뜻을 찾아 그 번호를 쓰세요.

> 자주   ① 남에게 의지하지 않고 자기 일을 스스로 함.
>
>   ② 같은 일을 잇따라 여러 번.

(1) 요즘 들어 비가 자주 내린다.   (   )

(2) 우리는 자신에게 닥친 문제를 자주적으로 해결하려고 노력해야 한다.   (   )

8주
—
38회

앞부분의 내용: 한 **나그네**가 길을 걸어가다가 **구덩이**에 빠진 호랑이를 발견했습니다. 호랑이가 **애원**하여 나그네는 호랑이를 구해 주었습니다. 하지만 구덩이에서 나오자 호랑이는 나그네를 잡아먹으려고 했습니다. 나그네는 호랑이가 자신을 잡아먹어도 되는지 재판을 받아 보자고 했습니다. 황소와 소나무는 호랑이의 편을 들었습니다. 나그네는 마지막으로 토끼에게 물어보자고 하였습니다.

● 때: 옛날
● 곳: 산속
● 등장인물: ㉠ _____

나그네: 토끼님, 제가 구덩이에 빠져 있던 호랑이를 구해 주었는데, 호랑이는 저를 잡아먹으려 합니다. 이게 옳은 짓입니까?

토　끼: ㉡ (한참 생각하다가) 이해가 안 가는데 호랑이님이 구덩이에 빠져 있던 상황을 그대로 보여 주시겠어요?

호랑이: (답답한 듯 한숨을 쉬고 구덩이에 들어가며) 참, 답답하기는. 잘 봐라. 내가 여기에 이렇게 빠져 있었단 말이다. 그때 나그네가 지나가다가 나를 발견했지.

토　끼: (웃으며) 아, 이제야 이해가 되는군요. 그런데 은혜도 모르고 구해 준 사람을 잡아먹으려고 하다니! 당신 같은 동물은 혼이 나야 합니다.

나그네: 토끼님, 정말 고맙습니다. 토끼님 덕분에 살았네요.

호랑이: (　㉢　) 나그네님, 절대 잡아먹지 않을 테니 제발 한 번만 더 살려 주십시오.

토끼와 나그네가 **퇴장**하며 **막**이 내린다.

– 전래 동화 〈토끼의 재판〉을 읽고 쓴 ㉣ _____

나그네 자기 마을을 떠나 다른 곳에 잠시 머물거나 떠도는 사람.　**구덩이** 땅이 움푹하게 파인 곳.　**애원** 소원이나 요구를 들어 달라고 간절하게 바람. 哀 가여울 애 願 원할 원　**퇴장** 연극 무대에서 등장인물이 무대 밖으로 나감. 退 물러날 퇴 場 무대 장　**막** 칸을 막거나 어떤 곳을 가리는 천. 주로 무대 앞을 가리는 데에 쓰인다. 幕 막 막

1

글의 종류

이 글은 연극을 위해 쓰였습니다. ㉣에 들어갈 말을 찾으세요.

① 동시　　　　　② 동화　　　　　③ 수필

④ 희곡　　　　　⑤ 시나리오

2

인물

㉠에 들어가지 <u>않는</u> 인물을 찾으세요.

① 나그네　　　　② 호랑이　　　　③ 황소

④ 대나무　　　　⑤ 토끼

3

추론

토끼는 왜 ㉡처럼 행동하고 말했을까요?

① 나그네를 골탕 먹이려고.

② 나그네를 도와주려고.

③ 호랑이를 도와주려고.

④ 호랑이에게 잡아먹힐까 봐 무서워서.

⑤ 나그네와 호랑이 모두가 한심해서.

4

추론

㉢에 가장 어울리는 말을 찾으세요.

① 간절하게 부탁하며　　② 비웃으며　　　③ 크게 웃으며

④ 토끼에게 감사하며　　⑤ 나그네를 노려보며

5 다음 중 등장인물과 그 인물의 성격을 잘못 짝지은 것을 찾으세요.

등장인물	등장인물의 성격
① 나그네	인정이 많아 위험에 빠진 인물을 도와준다.
② 나그네	뒷일을 깊게 생각하지 않고 행동한다.
③ 호랑이	자신을 도와준 사람에게 은혜를 꼭 갚는다.
④ 호랑이	자신이 유리할 때와 불리할 때의 모습이 다르다.
⑤ 토끼	생각이 깊고 지혜롭다.

6 다음 중 이 글의 내용과 다른 것을 찾으세요.

① 나그네가 구덩이에 빠진 호랑이를 구해 주었다.

② 호랑이는 구덩이에서 나와 나그네를 잡아먹으려고 했다.

③ 나그네와 호랑이는 황소, 소나무, 토끼에게 재판을 받아 보았다.

④ 토끼는 호랑이를 밀어서 구덩이에 빠뜨렸다.

⑤ 호랑이는 다시 살려 달라고 나그네에게 부탁했다.

7 황소와 소나무가 내린 재판 결과를 예상해 보았습니다. 가장 어색한 결과를 고르세요.

① 황소: 호랑이님이 옳습니다. 사람은 나빠요. 우리에게 힘든 일만 시켜요.

② 황소: 사람도 잡아먹혀 봐야 합니다. 사람은 우리를 잡아먹거든요.

③ 소나무: 사람은 나빠요. 우리가 맑은 공기를 만들어 주어도 고마워하지 않아요.

④ 소나무: 우리를 꺾고, 잘라 땔감으로 쓰니, 사람들도 좀 당해 봐야 해요.

⑤ 소나무: 호랑이님은 이 숲속에 사는 동물들을 괴롭히고 잡아먹지요. 그러니 벌을 받아도 쌉니다.

어휘력 기르기

1단계　다음 낱말의 뜻을 찾아 선으로 이으세요.

(1) 등장　●

(2) 퇴장　●

(3) 막　●

●　㉠ 칸을 막거나 어떤 곳을 가리는 천.

●　㉡ 연극 무대에서 인물이 무대 밖으로 나감.

●　㉢ 연극 무대에 어떤 인물이 나타남.

2단계　위에서 배운 낱말을 빈칸에 넣어 문장을 완성하세요.

(1) ⬚⬚⬚⬚ 이 올라가며 연극이 시작되었다.

(2) 현수가 무대에 ⬚⬚⬚⬚ 하자 사람들이 그 모습을 보고 깔깔 웃었다.

(3) 정은이가 무대 밖으로 ⬚⬚⬚⬚ 하면서 연극이 끝났다.

3단계　다음 설명을 읽고, 빈칸에 알맞은 낱말을 쓰세요.

> **구덩이**: 땅이 움푹하게 파인 곳.
>
> **웅덩이**: 움푹 파여 물이 고여 있는 곳.

(1) 비가 내려 길 곳곳에 ⬚⬚⬚ 가 생겼다.

(2) 사람들은 호랑이를 잡기 위해 ⬚⬚⬚ 를 파 놓았다.

호숫가에 한 가족이 살고 있었습니다. 매년 여름이 되면, 아버지는 두 아들을 배에 태우고 **호수** 이곳저곳을 돌아다니곤 했습니다.

여름이 다 지나고 가을이 왔을 무렵, 아버지는 창고에 보관하려고 배를 옮기다가 배 바닥에 구멍이 나 있는 것을 발견했습니다. 어떻게 할지 잠깐 고민하다가 아버지는 다음 해에 배를 사용하기 전에 고치기로 했습니다. 그러고는 페인트공을 불러 페인트만 새로 칠해서 창고에 넣어 두었습니다.

따뜻한 봄이 찾아오자 아들들은 어서 배를 타고 싶어 아버지를 졸랐습니다. 아버지는 배에 구멍이 뚫려 있다는 사실을 잊고 아들들에게 배를 꺼내어 주었습니다. 그런데 급한 일이 생겨 아들들만 배에 태우고, 자신은 **일터**로 나갔습니다.

시간이 얼마 지나지 않아 아버지의 머리에 작년 일이 떠올랐습니다. 아버지는 아들들이 수영을 못 한다는 사실을 알고 있었기 때문에 **허겁지겁** 호수로 달려갔습니다.

아버지가 호수에 도착하니, 두 아들이 무사히 배를 타고는 자신 쪽으로 돌아오고 있었습니다. 아버지는 **안도**의 한숨을 내쉬며 배 안을 살펴보다가 깜짝 놀랐습니다. 작년에 자신이 발견했던 구멍을 누군가가 깨끗하게 막아 놓았던 것입니다.

아버지는 곰곰이 생각해 보았습니다. 그러다 페인트공이 떠올랐습니다.

'맞아. 페인트공이 막아 주었을 거야.'

아버지는 감사한 마음을 전하기 위해 선물을 들고 페인트공에게 갔습니다. 페인트공은 놀라 말했습니다.

"그저 배에 구멍이 나 있기에 막아드린 것입니다. 이런 선물은 안 주셔도 됩니다."

페인트공이 선물을 받지 않으려 하자 아버지가 말했습니다.

"배에 뚫려 있던 구멍을 발견하고 고쳐 주시지 않았습니까? 선생님께서 고치지 않으셨다면 제 아들들은 지금쯤 배와 함께 호수에 가라앉고 말았을 것입니다. 저는 구멍이 나 있다는 사실을 알고 있었지만, 어리석게도 그것을 바로 고치지 않고 뒤로 미루었지요. 하지만 선생님은 자기 배가 아닌데도 구멍을 막아 주셨습니다. 그 덕분에 소중한 제 아들들의 목숨을 구할 수 있었습니다. 정말 감사드립니다."

호수 땅이 푹 파이거나 들어가 있어 물이 흐르지 않고 고여 있는 곳. 湖 호수 호 水 물 수　**페인트공** 페인트 칠하는 일을 전문으로 하는 사람. paint 工 장인 공　**일터** 사람들이 일정한 직업을 가지고 일하는 곳.　**허겁지겁** 몹시 급한 마음으로 어찌할 줄을 몰라 허둥거리는 모양.　**안도** 어떤 일이 잘 진행되어 마음을 놓음. 安 편안할 안 堵 편안할 도

1

제목

다음 중 이 글과 가장 잘 어울리는 제목을 고르세요.

① 아름다운 호수　　　② 배에 난 구멍　　　③ 아버지와 아들

④ 잃어버린 배　　　　⑤ 페인트공의 실수

2

내용
파악

이 글의 내용으로 옳은 것에는 ○표, 틀린 것에는 ×표 하세요.

(1) 매년 여름에, 아버지는 배에 두 아들을 태우고 호수 이곳저곳을 돌아다녔다.　(　　　)

(2) 아들이 배 바닥에 구멍이 나 있는 것을 발견했다.　(　　　)

(3) 아버지는 배의 구멍을 다음 해에 고치기로 했다.　(　　　)

(4) 아버지는 보트에 구멍이 뚫린 것을 잊고 두 아들과 같이 보트를 탔다.　(　　　)

(5) 페인트공은 보트에 난 구멍을 깨끗하게 막아 놓았다.　(　　　)

(6) 아버지는 페인트공에게 감사한 마음을 전하기 위해 선물을 들고 찾아갔다.　(　　　)

3

주제

이 글이 주는 교훈을 고르세요.

① 약속을 꼭 지키자.

② 물놀이 안전 수칙을 잘 지키자.

③ 수영을 배우자.

④ 사람을 차별하지 말자.

⑤ 해야 할 일을 뒤로 미루지 말자.

4 아버지와 페인트공에 관한 바른 설명을 고르세요.

인물

	아버지	페인트공
①	수영을 못한다.	수영을 잘한다.
②	해야 할 일을 바로 한다.	게으르고 돈을 좋아한다.
③	자식들을 매우 사랑한다.	거짓말을 자주 한다.
④	해야 할 일을 바로 하지 않는다.	책임감 있다.
⑤	페인트공을 무시한다.	착하고 정이 많다.

5 이 글에 대한 설명으로 바르지 <u>않는</u> 것을 고르세요.

내용
파악

① 등장하는 인물은 아버지, 두 아들, 페인트공이다.

② 주인공은 배 수리공이다.

③ 아버지가 배의 구멍을 발견한 계절은 가을이다.

④ 이 글의 중심 사건은 아버지가 배에 구멍이 나 있는 것을 알고도 고치지 않은 일이다.

⑤ 이야기가 행복하게 끝난다.

6 이 이야기를 정리했습니다. 다음을 시간 순서에 맞게 나열하세요.

줄거리

① 아버지는 감사한 마음을 전하기 위해 선물을 들고 페인트공에게 갔다.

② 아버지는 배의 구멍을 발견했지만 고치지 않았다.

③ 두 아들이 탄 배는 물에 가라앉지 않고 무사히 돌아왔다.

④ 아버지는 배에 구멍이 난 것을 잊고 두 아들을 배에 태운 채 일터에 나갔다.

⑤ 페인트공이 배의 구멍을 잘 막았다.

☐ → ☐ → ☐ → ☐ → ☐

1단계 다음 낱말들의 뜻을 찾아 바르게 이으세요.

(1) 호수 •

(2) 일터 •

(3) 안도 •

• ㉠ 땅이 푹 파이거나 들어가 있어 물이 흐르지 않고 고여 있는 곳.

• ㉡ 사람들이 일정한 직업을 가지고 일하는 곳.

• ㉢ 어떤 일이 잘 진행되어 마음을 놓음.

2단계 다음 글의 빈칸에 알맞은 낱말을 위에서 찾아 쓰세요.

(1) 발표가 끝나자 정우는 　　　　　　 의 한숨을 내쉬었다.

(2) 아버지는 　　　　　　 에 나가셔서 늦게 돌아오셨다.

(3) 잔잔하던 　　　　　　 에 갑자기 물결이 일었다.

3단계 다음 문장의 틀린 낱말에 밑줄을 긋고 바르게 고치세요.

(1) 나는 옷을 입은 체로 물에 들어갔다.

_____

(2) 우리 가족은 이사를 하기 위해 짐을 옴겼다.

_____

(3) 송곳으로 상자에 구멍을 뚤었다.

_____

8주
40회

● 3단계 사진 및 광고 출처

쪽수	사진	출처
8	동치미	https://www.flickr.com/photos/koreanet/4814810950
	파김치	https://commons.wikimedia.org/wiki/File:Scallion_kimchi.jpg
9	총각김치	https://commons.wikimedia.org/wiki/File:Chonggakkimchi_(chonggak_radish_kimchi).jpg
148	춤추는 아이, ≪단원 풍속도첩≫	국립 중앙 박물관
150	산수화(정선) 초충도(신사임당) 자리짜기(김홍도)	국립 중앙 박물관
156	유관순 국가 표준 영정	https://commons.wikimedia.org/wiki/File:%EC%9C%A0%EA%B4%80%EC%88%9C%EA%B5%AD%EA%B0%80%ED%91%9C%EC%A4%80%EC%98%81%EC%A0%95.jpg

독해력 비타민

기초편

40회로
완성하는
독해력

초등국어
3단계

정답과 해설

정답

1주차

1회　지역에 따른 김치의 차이　8쪽

1. ①
2. ③
3. (1) ○
   (2) ×
   (3) ×
   (4) ○
4. ④
5. ④
6. (1) 채소
   (2) 양념
   (3) 맛

어휘력 기르기

1단계 (1) ㉢, (2) ㉠, (3) ㉡
2단계 (1) 간, (2) 양념, (3) 담백합니다
3단계 (1) ①, (2) ②

2회　공공 기관에서 하는 일　12쪽

1. ④
2. ⑤
3. ④
4. 소방서
5. ②
6. ③

어휘력 기르기

1단계 (1) ㉠, (2) ㉢, (3) ㉡
2단계 (1) 서류, (2) 편의, (3) 공공
3단계 (1) ①, (2) ②

2. ⑤ 경찰이 하는 일.

3. ㉮ 시청이 하는 일.
   ㉰ 소방서가 하는 일.
   ㉱ 교육청이 하는 일.

1. ② 기행문: 여행하면서 보고, 듣고, 느끼고, 겪은 것을 적은 글.
   ③ 논설문: 어떤 주제에 관하여 자기의 생각이나 주장을 밝혀 쓴 글.
   ④ 광고문: 무엇을 세상에 널리 알리기 위해 쓴 글.
   ⑤ 독후감: 책이나 글을 읽고 난 뒤의 느낌을 적은 글.

1. ⑤

2. ③

3. (1) 비구름

  (2) 수증기

4. ①

5. ③

6. ④

7. 50, 100

어휘력 기르기

1단계 (1) ㉡, (2) ㉠, (3) ㉢

2단계 (1) 짙게, (2) 머금고, (3) 각별히

3단계 (1) 선생님께서 내주신 숙제를 <u>모레</u>까지는
      끝내야 한다.

    (2) 윤진이와 싸워서 <u>며칠</u> 동안 서로 말을
    하지 않았다.

2. 본문의 '8월의 마지막 날인 오늘도'라는 내용을 통
해 알 수 있다.

4. ② 중부 지방에 비가 내린다는 내용은 있지만 오후
에 그친다는 말은 없다.

7. '8월의 마지막 날인 오늘'을 통해 본문의 '오늘'은 8
월 31일임을 알 수 있다. 그러므로 본문의 '내일'
날씨를 참고한다.

1. ②

2. ⑤

3. ④

4. ③

5. ①

6. ①

어휘력 기르기

1단계 (1) ㉡, (2) ㉢, (3) ㉠

2단계 (1) 나래, (2) 풍차, (3) 숨결

3단계 (1) 외양간, (2) 연자간

1. ② 이 시의 제목은 '비행기'다. 1연을 참고하여 앞
부분에 프로펠러가 달린 비행기를 찾는다. 헬리콥
터에도 프로펠러가 있지만 ㉡을 통해 비행기를 말
하고 있음을 알 수 있다.
① 헬리콥터, ③ 글라이더, ④ 풍차, ⑤ 열기구

2. ② 살아 있지 않은 것(무생물)을 살아 있는 것(생
물)처럼 나타내는 표현법을 '활유법'이라고 한다.
비행기의 앞부분을 '머리'로, 비행기가 내는 소리를
'숨결'과 '숨'으로, 소리가 나는 것을 '소리를 지른다'
로 나타내었다.
④ 1연에서, 프로펠러를 '풍차'와 비교하였다. 3연
에서, 비행기를 '새'와 비교하였다.
⑤ 1연은 한 문장, 2연은 두 문장, 3연은 세 문장으
로 이루어졌다.

5. ① 1연에서는 프로펠러, 2연에서는 비행기의 소
리, 3연에서는 비행기의 날개와 소리의 특징을 시
로 재미있게 표현하였다.

1. 며느리
2. ⑤
3. 비단, 놋그릇
4. ②
5. ④
6. ⑤

어휘력 **기르기**

1단계 (1) ⓛ, (2) ㉠

2단계 (1) 풍비박산, (2) 신신당부

3단계 (1) ②, (2) ①, (3) ③

4. ② 시아버지는 며느리의 방귀를 처음 접하고는 며느리를 내쫓으려 하였다. 두 번째로 접하고 나서는 며느리를 칭찬하며 집에 다시 데리고 갔다.
④ 며느리가 배를 따 주겠다고 했다.

어휘력 **기르기**

1단계 '풍비박산'을 '풍지박산', '풍지박살', '풍비박살' 등으로 쓰는 경우가 있지만 모두 잘못된 표현이다.

1. ③
2. ⑤
3. (1) ○
   (2) ×
   (3) ○
   (4) ×
   (5) ○
4. (1) ㉠
   (2) ㉤
5. ④
6. (1) 문단
   (2) 중심 문장
   (3) 뒷받침 문장

어휘력 **기르기**

1단계 (1) ⓒ, (2) ㉠, (3) ⓛ

2단계 (1) 낱말, (2) 문장, (3) 문단

3단계 (1) ①, (2) ③, (3) ④, (4) ②

4. (2) '종국이는 운동을 많이 한다'라는 주제를 담은 글이다. 하지만 ㉤은 이 글의 주제와는 관계없이 축구를 설명하고 있다.

5. ① 나방과 개구리는 사는 곳이 비슷하다.
② 가자미가 사는 곳은 식물과 관계없다.
③, ⑤ 이 글로는 알 수 없다.

7회   알을 낳는 포유동물

32쪽

1. 알, 포유동물

2. ⑤

3. (1) 알

   (2) 젖꼭지

   (3) 부리

   (4) 센털

4. 고슴도치

5. ③

6. ④

7. (1) 가시두더지

   (2) 오리너구리

어휘력 기르기

1단계 (1) ㉠, (2) ㉢, (3) ㉡

2단계 (1) 센털, (2) 감지, (3) 허파

3단계 (1) 조선, (2) 조립, (3) 독립, (4) 독샘

8회   돈을 깨끗이 사용하자

36쪽

1. ①

2. ②

3. ④

4. ①

5. ④

6. ④

7. ⑤

8. 화폐

어휘력 기르기

1단계 (1) ㉢, (2) ㉠, (3) ㉡

2단계 (1) 세금, (2) 훼손, (3) 지폐

3단계 (1) 해어졌다, (2) 헤어졌다

6. ① 지폐의 위아래에 수건이나 천을 놓고 간접으로
   다리는 것이 더욱 좋다.

9회 발가락
40쪽

1. ③
2. ②
3. ②
4. ③
5. ③, ④
6. ①
7. (1) 구멍

   (2) 얼굴

   (3) 기워

어휘력 기르기

1단계 (1) ㉡, (2) ㉢, (3) ㉠

2단계 (1) 모처럼, (2) 서로서로, (3) 꼼틀꼼틀

3단계 (1) 기워서, (2) 기어서

3. ② 말하는 이는 양말에 구멍이 나서 발가락이 튀어나와 있는 상황을 재미있게 바라보고 있다.

5. ③ '와'는 '왜'의 방언, ④ '밀어내노'는 '밀어내니'의 방언이다.

10회 진주를 품은 조개
44쪽

1. ④
2. ①
3. ③
4. ⑤
5. ④
6. ②

어휘력 기르기

1단계 (1) ㉠, (2) ㉡

2단계 (1) 찌뿌드드한, (2) 쏜살같이

3단계 (1) ②, (2) ①

3. ③ 물속 나라 친구들인 물고기, 게, 새우는 조개를 진심으로 위로해 주었다.

4. ① 버릇: 오랫동안 자꾸 반복하여 저절로 몸에 익고 굳어진 행동이나 성질.

   ② 약점: 모자라거나 부족해서 남에게 뒤떨어지는 점.

   ③ 취미: 전문적으로 하는 것이 아니라 좋아서 즐겨 하는 일.

5. 본문의 여러 부분을 통해 여러 교훈을 얻을 수 있다.

   ① 조개는 자신에게 별다른 재주가 없다고 생각했다. 하지만 껍데기를 마음대로 열었다 닫는 것, 진주를 만들어 내는 것은 조개만 할 수 있는 재주다.

   ② 조개는 살을 찢는 듯하고 정신을 잃을 듯한 고통을 견디어 아름다운 진주를 만들어 내었다.

   ③ 조개가 자신은 장점이 없다며 힘겨워할 때, 친구들은 조개를 진심으로 위로해 주었다.

   ④ 물속 친구들이 서로 협력하여 어려운 문제를 해결하는 장면은 등장하지 않는다.

6. ② 친구들은 재주가 많지만 자기는 별다른 재주가 없다고 생각하여 조개는 친구들을 부러워한다. 영훈이도 여러 운동을 잘하는 지수를 부러워하고 있다.

③ 승재는 물고기, 게, 새우가 조개를 달랜 것처럼 민재를 위로하고 용기를 주고 있다.

11회 사실과 의견 48쪽

1. ⑤

2. ④

3. ①

4. ③

5. (1) ○

　(2) △

　(3) ○

　(4) △

　(5) △

6. ⑤

7. 사진으로만 보던 동물을 직접 만난다고 생각하니 무척 설레고 기분이 좋았다. / 빨리 내일이 되어 동물들을 보고 싶다.

어휘력 기르기

1단계 (1) ㉢, (2) ㉡, (3) ㉠

2단계 (1) 일생, (2) 근거, (3) 견학

3단계 (1) 왠지, (2) 웬일

12회   메주로 된장을 담가요   52쪽

1. ②

2. ③

3. ⑤

4. ④

5. ③ → ① → ④ → ② → ⑤

6. ⑤

어휘력 **기르기**

1단계 (1) ㉢, (2) ㉡, (3) ㉠

2단계 (1) 단백질, (2) 발효, (3) 으깨어

3단계 (1) 담아, (2) 담가

---

3. ③ 김치는 우리나라의 대표 발효 음식이다. 소금에
절인 배추나 무를 고춧가루, 파, 마늘 따위의 양념
에 버무린 뒤 발효시킨다.

④ 요구르트는 우유나 양젖 따위를 살균하여 발효
시킨 음식이다.

⑤ 생과일주스는 과일에서 직접 짜낸 즙으로 만든
주스다.

13회   현장 체험 학습 보고서   56쪽

1. ⑤

2. ③

3. ①, ③

4. ②

5. ④ → ① → ⑤ → ③ → ②

6. (1) 가열

   (2) 냉각

어휘력 **기르기**

1단계 (1) ㉠, (2) ㉡, (3) ㉢

2단계 (1) 보존, (2) 탱크, (3) 목장

3단계 (1) 분유, (2) 원유

---

3. ② 직접 우유를 짜는 공장도 있을 수 있겠으나, 본
문의 공장은 목장에서 원유를 가지고 온다.

④ 본문의 우유 공장은 다 만들어진 우유를 판매점
으로 보내어 소비자에게 판다.

4. ② 마요네즈: 샐러드용 소스의 하나. 달걀노른자,
샐러드유, 식초, 소금, 설탕 따위를 섞어 만든다.

1. ④

2. ⑤

3. ②

4. ③

5. ①

6. ②

7. ④

어휘력 기르기

1단계 (1) ⓛ, (2) ⓒ, (3) ⓖ

2단계 (1) 가만히, (2) 일부러, (3) 기울여

3단계 (1) 우산, (2) 우의

---

1. 이 시에서, 말하는 이는 비 오는 날에 우산을 가지고 오지 않아 친구의 우산을 같이 썼다. 즉 말하는 이가 겪은 일은 '친구의 도움을 받은 일'이다.

4. ③ 친구는 자신의 불편을 감수하고 말하는 이와 우산을 같이 썼다. 게다가 옷이 젖지 않도록 우산을 말하는 이 쪽으로 기울여 주기도 하였다. 말하는 이도 친구에게 미안하여 자신이 비를 더 맞으려고 우산 밖으로 어깨를 내놓았다. 또 친구를 위해 빗물 고인 자리를 스스로 밟기도 했다.

7. ④ 비 + 자루 → 빗자루

'빗자루' 역시 '비'와 '자루'가 합쳐질 때 사이시옷이 붙은 말이다. 하지만 빗자루의 '비'는 '먼지나 쓰레기를 쓸어 내는 기구'다.

⑤ 빗발: 비가 내리칠 때에 줄이 죽죽 진 것처럼 떨어지는 빗줄기.

어휘력 기르기

3단계 흔히 '우의'를 '우비'라고 부르기도 한다. '우비' 란 '비를 가리기 위하여 사용하는 물건을 통틀어 이르는 말'이다. 따라서 우비는 우산, 우의 등을 모두 합친 말이다.

15회 검정소와 누렁소

1. ①

2. ③

3. 누렁소

4. ④

5. ⑤

6. ③

7. ③ → ① → ④ → ② → ⑤

어휘력 **기르기**

1단계 (1) ㉡, (2) ㉠

2단계 (1) 멍에, (2) 쟁기

3단계 (1) 논, (2) 밭

2. ③ "소 두 마리가 함께 일하고 있는데, 어느 한 녀석이 더 잘한다고 하면 다른 한 녀석은 기분이 나쁘지 않겠습니까? 비록 짐승이지만 같이 있는 자리에서 그리 말하면 안 되지요." 이 부분을 통해 노인의 성격을 짐작할 수 있다.

3. '검정소', '누렁소' 모두 한 낱말이므로 '누렁 소'와 같이 띄어 쓰지 않는다.

4주차

16회 독서 퀴즈 대회

1. ③

2. ②

3. ④

4. 4

5. ③

6. ③

7. ⑤

어휘력 **기르기**

1단계 (1) ㉢, (2) ㉡, (3) ㉠

2단계 (1) 한창, (2) 목록, (3) 시상

3단계 (1) 독서, (2) 도서

4. 최우수상 1명 + 우수상 1명 + 장려상 2명 = 4명

6. ③ 대회 신청은 개인별로 직접 신청해야 하며, 누리집을 통해서는 불가능함을 알리고 있다.

7. ⑤ 학생들은 각 학급의 담임 선생님에게 '개인별'로 신청해야 한다. 한 명이 다른 사람들을 대신하여 대표로 신청할 수 없다.

1. ③

2. ④

3. (1) 비막

 (2) 밤

4. 초음파

5. (1) 박쥐

 (2) 하늘
 다람쥐

 (3) 날치

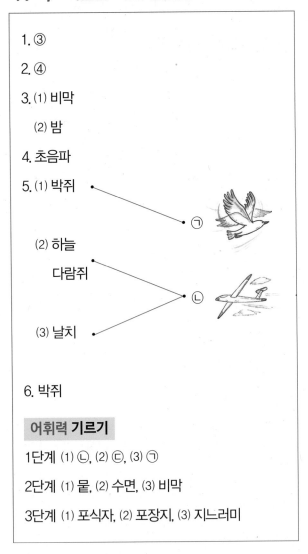

6. 박쥐

어휘력 기르기

1단계 (1) ㉡, (2) ㉢, (3) ㉠

2단계 (1) 뭍, (2) 수면, (3) 비막

3단계 (1) 포식자, (2) 포장지, (3) 지느러미

5. 박쥐는 비막을 새의 날개처럼 움직여 난다. 하지만 하늘다람쥐는 비막을, 날치는 지느러미를 펼칠 뿐 위아래로 움직여 날지 않는다.

1. ④

2. ③

3. 설리번

4. ①, ③

5. ②

6. ③

어휘력 기르기

1단계 (1) ㉢, (2) ㉡, (3) ㉠

2단계 (1) 영양실조, (2) 후유증, (3) 자선

3단계 (1) ②, (2) ①

2. ① 헬렌 켈러는 1880년 미국에서 태어났다.
 ② 퍼킨스 맹인 학교를 찾아가는 데에 도움을 준 사람은 벨 박사이다.
 ④ 우등생으로 졸업하였다.
 ⑤ 1968년에 사망했다.

6. ③ 헬렌 켈러는 어렸을 때부터 앞을 못 보고, 소리를 듣지 못하고, 말도 할 수 없었지만, 주변의 도움과 자신의 노력으로 그것을 극복하고 다른 사람을 도울 정도로 훌륭한 삶을 살았다.

1. ①

2. ③

3. ①

4. ③

5. 훠이 훠이

6. ⑤

7. ④

8. (1) 까마귀

   (2) 홍시

   (3) 오빠

어휘력 **기르기**

1단계 (1) ⓒ, (2) ⓐ, (3) ⓑ

2단계 (1) 어저깨 → 어저께, (2) 외 → 왜

3단계 (1) 안고, (2) 앉고

2. ③ 감이 잘 익어 홍시가 되는 계절은 가을이다.

7. ④ 말하는 이가 오빠에게 주려고 남겨 놓은 홍시를 까마귀가 먹으려고 하여 까마귀를 쫓고 있다.

1. ②

2. ③

3. ①

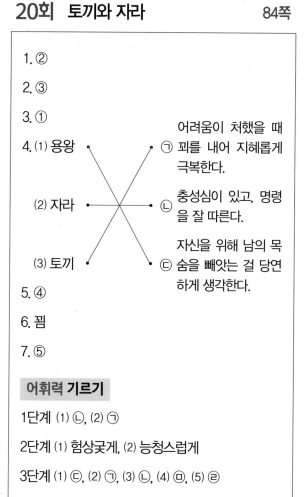

4. (1) 용왕 · ⓐ 어려움이 처했을 때 꾀를 내어 지혜롭게 극복한다.

   (2) 자라 · ⓑ 충성심이 있고, 명령을 잘 따른다.

   (3) 토끼 · ⓒ 자신을 위해 남의 목숨을 빼앗는 걸 당연하게 생각한다.

5. ④

6. 꾐

7. ⑤

어휘력 **기르기**

1단계 (1) ⓑ, (2) ⓐ

2단계 (1) 험상궂게, (2) 능청스럽게

3단계 (1) ⓒ, (2) ⓐ, (3) ⓑ, (4) ⓜ, (5) ⓔ

3. ① 통쾌하다: 아주 시원하고 즐겁다.

   토끼가 꾀를 내어 위기에서 벗어나며 자라를 약 올리듯이 한 말이다.

7. ① 누워서 떡 먹기: 하기가 매우 쉬운 것을 비유적으로 이르는 말.

   ② 낫 놓고 기역 자도 모른다: 기역 자 모양의 낫을 놓고도 기역 자를 모른다는 뜻으로, 사람이 글자를 모르거나 아주 무식함을 비유적으로 이르는 말.

   ③ 가는 말이 고와야 오는 말이 곱다: 자기가 남에게 말이나 행동을 좋게 하여야 남도 자기에게 좋게 한다는 말.

   ④ 낮말은 새가 듣고 밤말은 쥐가 듣는다: 아무도 안 듣는 데에서라도 말조심해야 한다는 말.

⑤ 호랑이에게 물려 가도 정신만 차리면 산다: 아무리 위급한 경우를 당하더라도 정신만 똑똑히 차리면 위기를 벗어날 수가 있다는 말.

21회 과일의 효과　　　　88쪽

1. ②

2. ③

3. ④

4. ④

5. 복숭아

6. (1) ⑤ 경상북도

　(2) ⑧ 전라남도

　(3) ② 경기도

　(4) ⑨ 제주도

어휘력 기르기

1단계 (1) ㉠, (2) ㉢, (3) ㉡

2단계 (1) 기후, (2) 독소, (3) 재배

3단계 (1) 설득력, (2) 면역력, (3) 상상력

4.④ 소 잃고 외양간 고친다: 소를 도둑맞은 다음에서야 빈 외양간의 허물어진 곳을 고치느라 수선을 떤다는 뜻으로, 일이 이미 잘못된 뒤에는 손을 써도 소용이 없음을 비꼬는 말.

①, ②, ③은 모두 한 가지 일로 두 가지 이익을 보는 경우를 타나내는 속담이다.

22회   자석

1. ②

2. 지남철

3. ⑤

4. (1) 인력

   (2) 척력

5. ④

6. ①

7. ③

어휘력 기르기

1단계 (1) ㉢, (2) ㉠, (3) ㉡

2단계 (1) 영구, (2) 일시, (3) 영역

3단계 (1) 폐지, (2) 폐차

7. 나침반의 북쪽을 가리키는 자극이 N극이다. 자석은 같은 극끼리는 밀고 다른 극끼리는 당기므로, 나침반의 북쪽을 가리키는 자극과 지구의 자극은 반대가 되어야 한다. 따라서 나침반의 북쪽을 가리키는 자극이 N극이라면 지구의 북쪽 자극은 S극이어야 한다. 마찬가지로, 나침반의 남쪽을 가리키는 자극이 S극이므로 지구의 남쪽 자극은 N극이다. 실제로, 자기력은 N극에서 나와 S극으로 들어간다. 지구의 자기력은 남극 쪽에서 나와 북극 쪽으로 들어간다. 즉 역설적이게도, 지구의 북극 쪽이 S극, 남극 쪽이 N극의 성질을 띤다.

23회   우리말을 사랑하자

1. ②

2. ①

3. ④

4. ③

5. ⑤

6. ④

어휘력 기르기

1단계 (1) ㉢, (2) ㉠, (3) ㉡

2단계 (1) 심리, (2) 간판, (3) 품질

3단계 (1) 무조건, (2) 무관심

4. ① 컵은 '잔'으로, ② 티슈는 '화장지'로, ④ 노트는 '공책'으로, ⑤ 키는 '열쇠'로 바꾸어 쓸 수 있다. 하지만 ③ 컴퓨터는 우리말로 바꿀 수 없다.

6. ④ 이 글의 주제는 '우리말을 사랑하고 더 알아가려고 노력하자'다. 다른 나라 말을 배우지 않는 것은 주제와 상관없다.

24회 나비춤

1. 3 연 18 행
2. ②
3. ①
4. ⑤
5. ④
6. ②
7. ③

어휘력 기르기

1단계 (1) ㉡, (2) ㉠, (3) ㉢

2단계 (1) 폴짝폴짝, (2) 나푼나푼, (3) 엉금엉금

3단계 (1) 잔디

4. ⑤ '진달래꽃 흩어지는 꽃잎 속에서'를 보고 진달래 꽃이 이미 피었다가 지고 있음을 알 수 있다.

7. ① 개나리, ② 목련, ③ 진달래, ④ 나팔꽃

25회 망주석 재판

1. ③
2. ④
3. ①
4. ⑤
5. ④
6. (1) 비단
   (2) 망주석
   (3) 재판
   (4) 비단

어휘력 기르기

1단계 (1) ㉠, (2) ㉢, (3) ㉡

2단계 (1) 샅샅이, (2) 하소연, (3) 망주석

3단계 (1) 헛수고, (2) 헛소문, (3) 헛걸음

3. ① 꾀를 내어, 망주석을 재판한 뒤 도둑을 잡는 모 습을 통해 짐작할 수 있다.

26회 관용어 108쪽

1. ⑤

2. ②

3. ①

4. ④

5. (1) ③

   (2) ①

   (3) ②

   (4) ④

어휘력 기르기

1단계 (1) ㉢, (2) ㉡, (3) ㉠

2단계 (1) 의논, (2) 관심, (3) 근심

3단계 (1) ②, (2) ①, (3) ③

3. ① 진희와 언니는 한 가지 주제(어버이날 선물)를 두고 어떻게 하는 것이 좋을지 의견을 모으고 있다.

4. ④ 예준이는 자신과는 상관이 적은 일(친구가 자전거를 사는 일)에 지나치게 참견하여 자전거 가게까지 따라갔다.

어휘력 기르기

3단계 동사, 형용사, 조사 '이다'에 어떤 말이 붙어 여러 형태로 쓰이는 일을 '활용'이라고 한다.
   ① '이르다'는 다음과 같이 활용한다. '이르니, 이르고, 이르러, 이르렀다'
   ②와 ③의 '이르다'는 다음과 같이 활용한다. '이르니, 이르고, 일러, 일렀다'

27회 온돌 112쪽

1. ②

2. ⑤

3. ④

4. ①

5. ④

6. (1) 아궁이

   (2) 굴뚝

어휘력 기르기

1단계 (1) ㉡, (2) ㉠, (3) ㉢

2단계 (1) 유적, (2) 가치, (3) 땔감

3단계 (1) ②, (2) ①

4. ㉯ 고구려는 한반도 북쪽과 현재의 중국, 러시아 땅의 일부까지 차지했던 나라다. 고구려에서 발달한 온돌이 남쪽으로 전해졌다.
   ㉰ 방 전체를 데우는 방식으로 바뀐 것은 고려 말이다.
   ㉱ 고려 시대에는 부자들만 온돌을 사용하였지만 조선 시대에는 일반 백성들도 사용할 수 있었다.

28회   덕수궁에 다녀와서 116쪽

1. ①

2. 시청역

3. 용

4. ④

5. ⑤

6. ②

7. ③

어휘력 기르기

1단계 (1) ㉢, (2) ㉡, (3) ㉠

2단계 (1) 설계, (2) 조회, (3) 비석

3단계 (1) 덕수궁, (2) 수문장, (3) 복장

1. ① 이 글은 덕수궁에 가서 보고, 듣고, 느낀 점을 적은 기행문이다.
   ② 설명문, ③ 일기, ④ 논설문, ⑤ 편지

4. ④ 아방궁: 중국 진나라 시황제가 세운 궁전.

5. 덕수궁의 서양식 건물은 정관헌과 석조전이다.

7. ③ 여행하며 보거나 들어 얻은 지식은 견문이다.

29회   밤 120쪽

1. ⑤

2. ①

3. ③

4. ④

5. ③

6. (1) 외양간

   (2) 당나귀

   (3) 아기

어휘력 기르기

1단계 (1) ㉢, (2) ㉠, (3) ㉡

2단계 (1) 짚, (2) 외양간, (3) 등잔

3단계 (1) 모금

3. ① 소쿠리, ② 항아리,
   ④ 지게, ⑤ 등잔

5. 이 시에는 깊은 밤에 일어난 소동이 재미있고 생생하게 나타났다.

어휘력 기르기

3단계 모금1: 액체나 기체를 입안에 한 번 머금는 분량을 세는 단위.
   모금2: 기부금이나 성금 따위를 모음.

30회 눈 124쪽

1. ②

2. 달님

3. ④

4. ③

5. ⑤

6. ④

어휘력 기르기

1단계 (1) ㉡, (2) ㉢, (3) ㉠

2단계 (1) 곰곰이, (2) 양보, (3) 마구

3단계 (1) ②, (2) ①, (3) ③

4. ① ㉠의 바로 다음 문장을 참고한다.

5. ④ 숙제는 학습을 위해 내 주는 과제다. 숙제를 대신하는 것은 배려하는 것이 아니라 학습을 방해하는 행동이다.

6. ④ 자신의 노랫소리에 잠 못 자는 친구들이 있을까 봐, 노래도 부르지 않고 춤도 멈추고 조용히 내리는 모습에서 짐작할 수 있다.

7주차

31회 산업의 종류 128쪽

1. ④

2. ②

3. ⑤

4. (1) 운송업
   (2) 숙박업
   (3) 관광업
   (4) 금융업
   (5) 상업
   ㉠ ㉡ ㉢ ㉣ ㉤

5. (1) 임업
   (2) 1

6. ③

어휘력 기르기

1단계 (1) ㉠, (2) ㉢, (3) ㉡

2단계 (1) 분업, (2) 가공, (3) 재화

3단계 (1) 종사, (2) 채취

2. ① 제조업은 2차 산업이다.

6. ① 요식업, ② 상업, ④ 교육 서비스업, ⑤ 운송업은 모두 3차 산업이다.
   ③ 제조업은 2차 산업이다.

32회 물고기의 특징 132쪽

1. ③

2. ①

3. ⑤

4. ④

5. ②

6. (1) 아가미

   (2) 옆줄

7. (1) 등지느러미, 꼬리지느러미, 뒷지느러미

   (2) 가슴지느러미, 배지느러미

어휘력 기르기

1단계 (1) ⓛ, (2) ⓒ, (3) ⓐ

2단계 (1) 척추, (2) 점액, (3) 개울

3단계 (1) 물살, (2) 물고기, (3) 기관

4. 척추와 아가미를 지니고 물속을 헤엄쳐 다니는 동물을 '물고기'라고 한다. 게, 해파리, 문어, 불가사리에게는 척추가 없다.

5. ① 물속에 사는 동물 가운데, 척추가 있으며, 아가미로 호흡하는 동물을 물고기라고 한다. 대부분 비늘과 부레를 가지고 있다.
   ② 장어 같은 물고기는 비늘이 없다. 그 대신 점액으로 몸을 보호한다.
   ③ 상어나 가오리는 부레가 없다. 그래서 가라앉지 않으려면 이 동물들은 끊임없이 움직여야 한다.

33회 차이를 인정하자 136쪽

1. ④

2.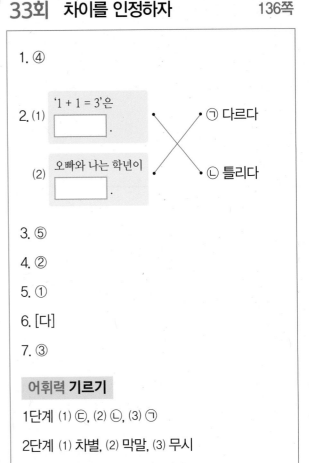

3. ⑤

4. ②

5. ①

6. [다]

7. ③

어휘력 기르기

1단계 (1) ⓒ, (2) ⓛ, (3) ⓐ

2단계 (1) 차별, (2) 막말, (3) 무시

3단계 (1) 국적, (2) 국내외, (3) 외침

3. ⑤ 성별이 다르다는 이유로 서로 무시한다는 내용은 본문에 실리지 않았다. 하지만 성별의 차이로 서로를 무시하거나 적대시(적으로 여김)해서는 안 된다.

7. ① 성별에 따른 차별.
   ② 질병에 대한 무시.
   ④ 말투에 의한 무시.
   ⑤ 국적에 따른 차별.

1. 늙은 잠자리

2. ④

3. ③

4. ②

5. 잠자리의 눈이 무서워서.

6. ③

7. (1) 수수 (2) 바지랑대 (3) 감나무

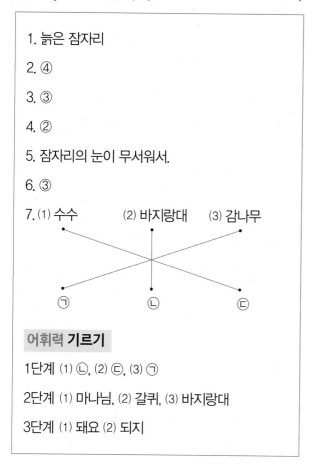

ⓐ ⓒ ⓒ

어휘력 **기르기**

1단계 (1) ⓒ, (2) ⓒ, (3) ⓐ

2단계 (1) 마나님, (2) 갈퀴, (3) 바지랑대

3단계 (1) 돼요 (2) 되지

2. ⑤ 시에서 리듬감을 형성하는 데에는 여러 방법이 있다. 같은 글자 수를 반복하여 리듬감을 만들기도 한다.

4. 이 시의 주제는 '잠 잘 곳이 없어서 쓸쓸하고 서러운 늙은 잠자리'다.
①, ③ 이 시의 주제와 관련이 적은 느낌이다.
④, ⑤ 이 시를 통해서는 알 수 없는 느낌이다.

6. ① 염소 눈, ② 고양이 눈, ③ 잠자리의 눈은 겹눈이다. 겹눈이란 홑눈 여러 개가 벌집 모양으로 모여 이루어진 눈을 말한다.

1. ④

2. ②

3. ③

4. ①

5. ②

6. ③

7. ④

어휘력 **기르기**

1단계 (1) ⓒ, (2) ⓒ, (3) ⓐ

2단계 (1) 마부, (2) 갈기, (3) 재촉

3단계 (1) 앉혀, (2) 셋째, (3) 스무

3. ③ 본문의 "나는 속이 상해서 보로크를 더 세게 때렸어요."를 통해 짐작할 수 있다.

4. ① 본문의 "늙은 말이죠. 사람으로 치면 할아버지랍니다."와 "피멘 할아버지는 우리 동네에서 가장 나이가 많아요."를 통해 알 수 있다.

36회 춤추는 아이 148쪽

1. ⑤

2. 김홍도

3. ①

4. ②

5. (1) 수묵화

   (2) 채색화

   (3) 수묵 담채화

6. ②

어휘력 기르기

1단계 (1) ⓛ, (2) ⓒ, (3) ㉠

2단계 (1) 농담, (2) 채색, (3) 악사

3단계 (1) 수채화, (2) 수묵화, (3) 정물화

1. ① 수채화: 물감을 물에 풀어 그린 그림.

   ② 판화: 나무, 금속 등으로 이루어진 판에 그림을 새기고 색을 칠한 뒤에, 종이나 천을 대고 찍어서 만든 그림.

   ③ 수묵화: 먹으로 짙고 엷음을 이용하여 그린 그림.

   ④ 추상화: 사물을 사실적으로 나타내지 않고, 순수한 점·선·면·색채 등으로 표현한 그림.

4. ② 먹을 썼지만 채색이 위주인 그림은 채색화다. 본문의 '춤추는 아이'는 먹으로 그린 뒤 엷게 색칠한 수묵 담채화다.

5. (1) 먹의 농담만으로 나타낸 그림이다.

   (2) 채색을 위주로 한 그림이다.

   (3) 먹색으로 그린 그림에 엷게 채색한 그림이다.

37회 소리 전달 과정 152쪽

1. ②

2. 쇠 → 물 → 공기

3. ⑤

4. ①

5.
(1) 기체 •   • ㉠
(2) 액체 •   • ⓛ
(3) 고체 •   • ⓒ

6. ① → ③ → ② → ④ → ⑤

어휘력 기르기

1단계 (1) ㉠, (2) ⓒ, (3) ⓛ

2단계 (1) 도달, (2) 자극, (3) 진동

3단계 (1) 수중, (2) 공중

1. ② 소리가 기체, 액체, 고체를 통해 어떻게 전달되는지 설명한 글이다.

3. ⑤ 뼈 전도 이어폰은 공기가 아니라 뼈를 통해 소리를 전달한다.

5. ㉠ 스피커에서 나온 소리가 물을 통해 귀까지 전달된다.

   ⓛ 주먹으로 책상을 치면 책상이 울려 소리가 귀에 전달된다.(책상을 친 소리가 공기로도 전달될 수 있다. 하지만 그림에 나타난 그림 전달 표현을 잘 보고 답을 찾는다.)

   ⓒ 스피커에서 나온 소리가 공기를 통해 귀에 전달된다.

6. 이 실험을 할 때에는 종이컵 사이의 실이 팽팽해야 한다. 팽팽하지 않으면 한쪽에서 발생한 진동이 반대쪽으로 전달되지 않는다.

38회 유관순 156쪽

1. ④

2. 1919

3. (1) 교육

   (2) 계몽

4. ②

5. ④

6. ③

어휘력 기르기

1단계 (1) ㉠, (2) ㉢, (3) ㉡

2단계 (1) 확산, (2) 징역, (3) 동원

3단계 (1) ②, (2) ①

6. ③ 앞을 못 보다: 눈이 멀어서 보지 못하다.

39회 토끼의 재판 160쪽

1. ④

2. ④

3. ②

4. ①

5. ③

6. ④

7. ⑤

어휘력 기르기

1단계 (1) ㉢, (2) ㉡, (3) ㉠

2단계 (1) 막, (2) 등장, (3) 퇴장

3단계 (1) 웅덩이, (2) 구덩이

1. ③ 수필: 일정한 형식을 따르지 않고 인생, 자연, 일상생활에서의 느낌 등을 생각나는 대로 쓴 글.
   ⑤ 시나리오: 영화를 만들기 위해 쓴 각본.

5. ② 나그네는 호랑이가 자신을 잡아먹을 것이라는 생각을 하지 못하고 호랑이를 불쌍하게 여겨 도와주었다.

7. ⑤ 나그네와 호랑이가 재판을 받을 때, 황소와 소나무는 호랑이 편을 들어 주었다.

1. ②

2. (1) ○

  (2) ×

  (3) ○

  (4) ×

  (5) ○

  (6) ○

3. ⑤

4. ④

5. ②

6. ② → ⑤ → ④ → ③ → ①

어휘력 기르기

1단계 (1) ㉠, (2) ㉡, (3) ㉢

2단계 (1) 안도, (2) 일터, (3) 호수

3단계 (1) 체 → 채, (2) 옴겼다 → 옮겼다

(3) 뚤었다 → 뚫었다

2. ② 배의 구멍을 발견한 사람은 아버지다.

  ④ 아버지는 배에 구멍이 난 것을 잊고 두 아들만 배에 태웠다.

3. 이 글의 중심 사건은, 아버지가 배의 구멍을 발견하고도 바로 수리하지 않은 것이다. 그 사건으로 인해 자신의 두 아들이 죽을 위기를 겪게 되었다. 이 사건을 보고 해야 할 일을 뒤로 미루지 말자는 교훈을 떠올릴 수 있다.

4. ④ 아버지는 배에 구멍이 난 것을 발견하고도 바로 수리하지 않았다. 페인트공은 자신이 하지 않아도 될 일까지 책임감 있게 하였다.

어휘력 기르기

3단계 (1) 체: 그럴듯하게 꾸미는 거짓 태도나 모양.

  채: 이미 있는 상태 그대로 있다는 뜻을 나타내는 말.